高效学习之道

白仕刚◎著

中国友谊出版公司

图书在版编目（CIP）数据

高效学习之道 / 白仕刚著. — 北京 : 中国友谊出版公司，2017.9（2018.4 重印）

ISBN 978-7-5057-4153-9

Ⅰ. ①高… Ⅱ. ①白… Ⅲ. ①学习方法 Ⅳ. ①G791

中国版本图书馆 CIP 数据核字（2017）第 196405 号

书名	**高效学习之道**
作者	白仕刚
出版	中国友谊出版公司
发行	中国友谊出版公司
经销	新华书店
印刷	河北鹏润印刷有限公司
规格	880×1230 毫米 32 开 8.5 印张 170 千字
版次	2017 年 10 月第 1 版
印次	2018 年 4 月第 4 次印刷
书号	ISBN 978-7-5057-4153-9
定价	39.80 元
地址	北京市朝阳区西坝河南里 17 号楼
邮编	100028
电话	（010）64668676

目录_

第一章

如何让自己变得更强大

| 第二章 |

学会学习，找对方法才能事半功倍

| 第三章 |

在阅读中优化每一次学习体验

第一章

如何让自己变得更强大

朋友，从现在开始，就去投入一件事情，渐入佳境——一切都会好，这是我现在深信不疑的信念。唯有热爱，方能坚守；唯有坚守，方能有所成就。奋斗的开始，就在于你找到你所热爱的并为之付出不懈努力的那一刻。

如果你想成为一个出众的人

如果你总是想要努力奋斗却没有动力，想做的事很多但是最终都没有付诸行动，总感觉时间很快就过去了，但你依然还在原地踏步。自命不凡，最终却找不到那种为自己的梦想而努力的激情了。可你依然不甘就此平庸下去，想要有所成就，那该怎样让自己有动力去努力奋斗呢？

思考这个问题之前，我想说，也许我们都不好意思承认，我们并没有那么聪明。我们总是自命不凡，总会不自觉地在生活中收集证明自己聪明的证据——其实这是自卑，这是不敢承认在某些方面，自己就是没有别人那么聪明。

我在学习上就不是聪明类型的，这件事在很久以前我多有感触，却少有承认——谁都希望自己是聪明的，不是吗？同样是期末考试，准备的时间是相同的，为什么我考得就是没有别人好呢？内心深处接受不了，可嘴上只好说“下次要认真复习了，分数不够好，都怪这次没有认真复习”。我们总是会有各种各样的理由来安慰自己，这就是我看到的绝大多数情况下的事实。

不说别人，就说我自己，之前有一次考试，我和往常一样又在考前开启了突击模式，临时抱佛脚嘛。以前总是能奏效，可那一次却出乎我的预料，因为知识点太多、太难，按知识点比例计算的话，我给自己预设的时间太少了，这无形中给了我很大的压力。在考前的一天，还有一大叠的资料没有看，这门课不及格几乎是既定的事实——我还能怎么办呢？只能安慰自己说，“你不是不聪明，你只是还不知道努力。”

临时抱佛脚的经历我想大家都有过，没成功，结果导致破罐子破摔的情况相信也时有发生。好在那次我没有破罐子破摔，而是按照接下来可控的时间，我重新规划了学习内容，根据80/20定律，重新做了知识点的归纳划分。从这点上来看，我又是聪明的，聪明和不聪明在很多情况下也往往是一念之差。毕竟我们绝大多数的人都是高低上下差别并不明显的普通人，而智商相差无几，我们仍然会说有些人更聪明，这是为什么呢？其实这是在称赞他更善于发现自己的长处、更善于发现事物的规律。

记得我刚考入大学的时候，我还记得当时自己对大学的期望就是，以锻炼能力为指标，比如观察力、记忆力、理解力……因为各方面能力的强化不会限定我的人生，而专业的学习却会。以能力指标代替科目学习，我要进行自己独特的学习模式——这是我能找到的关于抗衡专业学习的方法。自以为聪明的方法，而这就导致了我在专业学习大方向上存在偏差，对专业知识存在偏见。

我以我自以为是的聪明，让自己走了不少冤枉路。但我又很幸运，由于自己喜欢东想西想，反而使得我对专业内容学习的热爱总是有增无减。从一个概念到另外一个概念，我看着别人写的东西完全没有感觉，一旦我试图用自己的逻辑去理解，却能够发现那些知识结构之间是多么有趣。经常是在某个晚上，我只看了几页的内容，却能够在纸上推演出十几页的导图，我就会很兴奋。我一旦思考，就能产生很多疑问，或是留下来等着被某种方式解决，或是马上就上网去查询。你知道吗，我第一次发现深深地陷入知识的衔接之间，是多么愉悦，并且伴随着成就感。我发现，专业知识是那么可爱。我现在愿意，尽早地投入。

后来我回想自己从最初的自以为是到阴差阳错地找到了适合自己的学习方法，揣摩曾经的行业巨擘孤独思考时可能的心境。我猜想，我们大多数时候认为也许越深入学习一个领域，变得越专业，就越背离普通人群，就像是那些卓越的大家，他们也往往显得更孤独。但这些都是错的，因为我们不过是以外人的眼光来看，自以为是地觉得那些大师好孤独、好可怜。但是你知道吗，他们不在乎，因为他们已经热爱到了你所不能理解的地步——越专业、越热爱。而不是像外行看的那样——越专业、越无聊。这是我后来才知道的。

现在我们回归于本篇文章，回到我们最开始的问题。如何让自己去奋斗？答案已然如此清晰，放下你的自命不凡吧，你找不到激情，那是因为不热爱；你不热爱，是因为不投入；你不投入，是因为你不敢投入。这也不敢投入，那也不敢投入，结果造成了你现在的碌碌无为。

朋友，从现在开始，就去投入一件事情，渐入佳境——一切都会好，这是我现在深信不疑的信念。唯有热爱，方能坚守；唯有坚守，方能有所成就。奋斗的开始，就在于你找到你所热爱的并为之付出不懈努力的那一刻。

典型的“学生思维”有哪些？

初入社会，很多人总会被领导或是同事评价为“学生气太重”，这主要是说这些人的思维方法和处事方式还没脱离“学生思维”，“学生思维”的处事待人方法在社会的范畴下并不适用。那么有哪些典型的思维方式会被认为是“学生思维”呢？

1.取长补短

“总分”衡量模式对学生认识发展影响不小。语数外，哪弱补哪，在“总分”决定输赢的形势下，更多学生被教导把非擅长科目从60分提高到80分，而少有人去把擅长科目从95分提高到98分甚至100分，因为后者追求的卓越在学校衡量体系之下并不受欢迎。同样的努力，前者会得到更多的效益，可这种“总分”性优秀是以最终同质化为代价的；所有“不傻”的人都会选择前者，做到竞争中途不退场，哪怕到最后大家总体都很优秀，又都很一样，也在所不惜。

《哈佛最受欢迎的营销课》中提到一个例子，市场把“耗油量、安全度、舒适度”等指标作为SUV领域的通用标准后，Jeep、尼桑及其他竞争品牌各项指标随着时间的流逝而逐渐趋同——导致同质化；社会上“谁最受欢迎”竞赛，如竞选等，为了赢得比赛，每个人都尽量一样“友好、愉快、幽默……”一旦每个人都按照指标去变得一样“幽默”一样“友好”——还是同质化的“优秀”，就不会再有人脱颖而出。

陷入指标衡量之中，取长补短的思维就会让我们无法容忍“弱点”，你很少有强大的意志去做相反的事情——增强你的优势，拉开你与竞争者的距离。

2.单一性思维

“我怎么面对那些各方面都优秀的人？”知乎上不乏这样的问题，很多人生怕自己哪方面不如人而产生自卑，这是一种忽略了社会复杂性的单一思维。社会是复杂的，可能一个姑娘获得人们喜爱并不是因为她锻炼的一身马甲线，而可能只是因为她是个姑娘或者是一个漂亮姑娘。不要为别人的成功寻找单一性的原因，而盲目效仿。成功总是多种维度共同作用下的结果。东施效颦在绝大多数情况下只会沦为笑柄。

3.缺乏合作思维

这并不是说典型的学生思维中就不讲合作，素质教育普及到今天，合作思维多少仍是缺乏的，仍需要强化。我们从小到大的学习经历中，学习都是自己的事情，大家已经习惯这种自力更生模式，多数学生是少有体验这种“合作训练”的。知道什么时候该从容地与人合作，主动索求帮助，是强化合作思维的第一步。

4.不分场合的学习

在职场中，我们会经常发现，刚进公司的菜鸟往往表现出急切的学习动机，满脸写着“我要抓住任何机会提高自己”，说实话这架势蛮吓人的——想获得成长是自己的事情，你牺牲上班时间明目张胆地进行你的学习行为不合乎契约精神，除非公司允许你可以把上班时间用于个人提高。有些公司的成长与个人成长是互利共生的关系。但多数情况下，大多数公司的员工培训和工作内容是分开进行的。

5.排他性思维

在学校的时候，学校对考试成绩进行无数次排名，大榜小榜数不胜数，学生间竞争多于合作。进入社会，脱离了学校后，曾经体制下养成的排他思维仍会有意无意地渗入生活的方方面面，可能它影响你，你却鲜有察觉。竞争意识在工作中的确有助于提升个人能力、提高工作效率，但若把这种排他思维渗透到生活中，那就会令人很不舒服，无形中为自己设下很多不必要的障碍。

6.等待答题惯性

多年如山的试卷反馈，我们回答几万个设计好的题目，但现实并不会处处给你提供考卷，设计问题，让你回答。这相对缺失的是我们主动发现问题、提出问题和解决问题的能力。工作和生活里，很多问题是隐性的，你不发现、不提问，就只能被动等待问题出现——糟糕的是，可能最终问题呈现了，但不是来让你“解决”的，而是来宣告你“失败”而已，你连处理的机会都没有。

7.重选

社会不像考卷选择题，很多事情做错了是可以重新尝试、重新选择的。对象不合适可以换，抱着“不选则已，从一而终”的选择题思维……大概要被相亲；很多人纠结毕业后去大城市好还是回小城市，仿佛选错了去处就会困死终身。可是你没发现吗？一到社会上，城市不合适了可以换，实在没有必要在毕业前夕过于痛苦。

经历无数次“一分定排名”的学习反馈实验，我们这些在学校仿若小白鼠一样的学生还是极害怕选错一个选项，虽然我们不断在内心纠正，但要做到“坦然”，还需要一个不断与自我较真的漫长过程。

8.平面化人际交往

普通学生平时交流最多的是同班同级的人，思维、认识状态相近，交流并不需要太多理解成本，不能理解与不同职业、阶层、背景的社会层面交流的困难。就是比你大一级的学长、学姐，在心态和心理上也与你有层次性的不同。学生时代不应过分看重人脉，但相对不可以缺少的是跨层次沟通。交流不局限于同级，平面化人际交往，往往会让你的认知越来越局限，白白地丢掉很多机会。

踏踏实实地去做事

“总想着最后努力还来得及。当你有这个想法的时候，你已经危险了，即便你今天选择努力，你也会发现似乎已经来不及了……”

我是一个热衷于幻想的人，总是被人批评为不切实际。任何一点细枝末节的信息都有可能激发我大脑内活跃的幻想因子，从而天马行空地脑补出一部部恢弘壮阔的“人类史诗”。

幻想的主角当然是自己，情节总是自己顺风顺水地一步步走向人生巅峰，更有甚者，有一次还曾夸张到幻想自己一出生就天赋异禀。幻想我生日那天太阳直射点正好在北回归线上，那是北半球一年中白昼最长、黑夜最短的一天。那天，整个地球上除北极点和南极圈内的极夜地区外，所有地点的日出方向都是从东北方开始的，在西北方落下……有个小男孩诞生了，那就是我呀！

看吧，但凡幻想，就总是些异想天开的无稽之谈，对现实生活来说毫无意义的。流失掉的时间是从不会因为幻想的每次破灭而从头再来的，精力也是。

要知道，一个人一次能高强度地训练的时间是1.5~2小时之间，一天能保持高效能的练习时间也不过6~8小时，也就是说我们一天能够用来提升自己的有效时间最多也就是6~8个小时。

同时再根据意大利经济学家巴莱多提出的“二八定律”，可以估计得出我们一天80%学习的是无效内容。

“精力有限”×“一天有效学习时间有限”×“80%时间学习的是无效内容”=？

不说你也知道，这样算下来，一天当中能真正用来提升我们自己的时间和能够有效学习到的内容都是寥寥可数的。这样一想，是不是顿觉前景堪忧啊？看到这儿，你还想问如何才能踏踏实实地去做事吗？

抛开那些无益的幻想，现在就开始努力起来啊！这个世界，除了你自己，你不能依靠任何人啊！

越努力，越焦虑？

当下痛苦都是源于对现状的抗拒和不接受，思维抗拒，情绪也抗拒。在这种状况下，努力和焦虑在一些时间里就往往相伴出现。

我们的思维指向总是通向过去和将来的，它很难专注于当下的情境。这是因为我们一旦思考就总是必须以过去发生的事情作为当下的资料，而当下思考又总是为了将来，这就往往导致我们过于苛求过去，又过于期待未来，而较少思考当下的情境。

人总在寻找安全感——哲人说我思故我在，不思考就找不到安全感。我们思维中的安全感正是从过去的经历找到确定感，在未来中找到希望，可这样的话，当下该怎么办？

其实，坦白说，在强烈思考意识状态下，活在当下是十分艰难的。人们总是认为当下是实现未来的手段，是对过去的补充，而实际上未来只是存在于他们的大脑中，而过去早已一去不复返了。你说你努力是为了对得起昨天，是为了明天更美好，可是明天到底是哪一天？一味地幻想明天是不现实的，人就是这样在想象中不断增加着自己的精神负担。

未来的不确定性和莫须有的精神在无意识中压迫当下，那不是一种生理上的恐惧，而是源于内心的一种不安全感。这种内心的恐惧总是表现为时刻担忧“明天可能会发生的事情”，而非“当下正在发生的事情”。你身处此时此刻，而你的思维却从不在此刻。你总是认为可以应付当下发生的恐惧，但是你却认为无法应对未来存在于思维中的事情，并且认为对未来的担忧是你此刻所必须考虑的事情，哪怕它尚无一点征兆。你开始焦虑，越来越焦虑，就像是陷入焦虑的无底之洞，一旦失足，就很难缓过神来。

内心的脆弱和不安全感也因此会无限扩大，你会常常感觉自己处在威胁之中——你构想出无数消极的场景，你怕演讲搞砸，你怕考试通不过，但是这些事情不一定会发生，而即便发生也是在将来发生，它不是你当下面对的状况。那么你当下最迫切需要考虑的状况是什么呢？是你该如何更好地准备演讲内容，如何更有效地复习和记忆考试内容。

我们之所以焦虑，是因为我们的小我想要消灭那些焦虑产生的原因，对外表现在即便面对的是微不足道的小事，像是与人争论，你的小我都希望迫切打败对方，证明自己是对的，这样你的小我才能获得安全感。

对内又表现在你对自己的观点相当固执，当出现错误的时候，你这种以思维为基础的自我感觉就会受到严重威胁，而拒绝承认错误。从而致使无数次的冲动、焦虑、害怕和不安由此产生。

这种心理特质一方面表现在内向的人行为的谨小慎微和多思多虑上面，另一方面表现在外向的人强烈的控制欲和支配欲上。这两种形式都是潜意识不由自主地追求一种自我满足感和可供认同的事物，以便弥补他们内在感到的空虚的表现。长此以往，会对我们的头脑和精神造成巨大的压迫。那如何调节这种易焦虑的心理状况呢？

我给出的建议是：接受你拥有的，利用好你拥有的。

接受现状是最优策略，有什么做什么，有什么用什么；做什么都做好，用什么都用好。不要常常抱怨，那样的话就会忍不住顾影自怜，浪费精力与时间，而是要想办法在任何情况下找到情趣——快乐是一种本事。

我们不难发现，现在网络上或是身边接触的很多优秀的年轻人都有这样一个特征：他们很少迫切表达对现状的不满，他们热爱自己的生活，他们相对更不在意外界的影响，他们更专注做事而心无旁骛，如此，他们自然每时每刻都能更加优秀。

战胜我们的学习劣根性

当“道理”和“经验”冲突时，你要学习前人总结出的道理，也要懂得实践方能出真知。

俗话说，大道至简。越是通俗易懂的道理就越是凝练，可易懂往往与会用是失之毫厘谬以千里的。

比如，期末考试的时候，以考试为目标，一本书七八章的重点内容，一个寝室四五个人，你重点学这章那章，我重点学那章这章，你不会我教你，我不会你教我，相互渗透，效率倍增倍增倍增——类似“合作共赢”的道理你懂不懂？

你太懂了！

从初中思想品德开始，我们就一直讲合作与竞争是互依共存的关系……

可你为什么不找三四个伙伴一起实施呢？

因为你不相信这种合作真有效，你顾虑对方学得不认真反而拖你后腿。你对道理不信任，对人不信任，人是变量因素，每多和一个人打交道就增加一个变量风险，整个事件就进一步复杂化和更不确定，这是在生活的磨炼中我们所知的经验。

可我们会发现，我们的个人经验总是和我们学到的道理在某些时刻指向两个完全相反的方向，我们总是会感到迷茫而不知所措。当“道理”和“经验”冲突时，我们究竟该走向哪方？

每一个犹豫都会阻碍你的执行，每一个不信任都在给我们的执行效果打折扣，我们的执行力也就这样被拖累了。

道理是由前人实践总结出炉，在千百年间口耳相传，这个过程中往往考虑到阅读者的便利，为主旨表达上的需要剔除了很多细枝末节的东西，只留下来最精简的核心部分，但是对深陷问题迷局的我们来说，那些与道理核心主题表达无关的细枝末节正是实践中无可避免的东西，不同情况下它们的表现形式不同，不同实际问题之下我们遇到的也不尽相同。

凡精简的道理表述都不可避免地存在这个缺陷。这些被省略的东西，正是阻碍我们将道理顺利转化为执行不可忽视的因素，它就像是街道上的指路牌一样，给你指出一个大致的方向，具体路上是否会堵车，是否有捷径，都只有通过你反复的实践，才能够摸索出最适合你自己的路线。

这好比有人跟你说，在前方的一堆荆棘丛里有一颗一闪一闪亮晶晶的珠宝。周围的人们纷纷摩拳擦掌，跃跃欲试。我们所知的那些普世“道理”其实就是那亮晶晶的珠宝，千百年来，它就在它现在所处的位置，岿然不动。它给你指明一个方向，告诉来者有没有走错路，以便你及时调整，但却并不给你提供一条现成的路。

你想离那颗珠宝近一点，于是你便和身边千千万万的人一样，必须从四面八方朝向珠宝的道路中选择其中一条，这途中你必须砍掉草刺开辟出适合自己的路，路好不好走靠选择和努力，成不成还得考虑运气，没有人管你。

可毕竟珠宝就在那里，你不假思索盲目地走，不看脚下实际的道路，以致不小心掉到水坑里的时候又能怪谁呢？

抗击拖延症，你要先学会自立

相信大家都有过这样的体验，比如，明天要汇报，需要做一个PPT，时间本来就紧张，做个两页就有成就感，觉得没那么难，就开始玩，一直拖到时间确实不够了，晚上再加班胡乱做一做，最后的质量也不高。我们总是信誓旦旦说一定要克服拖延症，可最后却总是不了了之。

我们来说说拖延，请你回想一下，面对一件任务，拖延是从什么时候产生的呢？或者说，你是什么时候意识到这是“拖延”了呢？其实稍微一想你自己就明白，拖延这东西，只要任务一经开启，它就存在了。

它随着时间的慢慢增长，从一颗细小的种子萌芽，慢慢成长，直到变成可观可感的模样，这个时候它让你感受到了，你有压力了。

那要怎么办呢？用一个我自己的例子来谈谈这件事吧。

我爱打球。球场上，十个人的篮球对抗赛，往往比赛一开始，我就拼了。我经常告诉队友，我们要先进八个才可以休息，不然要输掉。看见对方进了一两个，我心里“酸”得难受，赶紧猛兽般反压制。你会觉得我很无趣，这么小心眼儿，为什么打个篮球就不能放松点，慢慢打不好吗？不好。因为我既要快乐也要赢，玩得越好越快乐。

压制打，这个道理大家可能平时没有意识到，或者意识到了也没有去“较劲”，因为都认为那样打“没意思”，不光彩。所以，对不起，我赢了。

也许有很多不打篮球的朋友，所以这里要讲一下，一般平常的对抗赛，很少有人用我这种打法的，一开始就猛冲，因为这样“看起来不友好”。大家一开始的时候都是松着来，你进一个我进一个你来我往。紧追不舍到最后，等一方临近绝杀球的时候，双方才火烧火燎地拿出血拼架势。但我这种打法不一样。我一开始就突突突，让你还没有回过神来，我就力求大比分超越你，等你措手不及地意识到需要拼命反击的时候，你以为技能高超加上拼命就可以扳回局面？但是，你当我傻啊，你拼命我不会拼命吗？你拼的时候我照样不懒，一样拼。但同样进一球，在开始时进要比接近尾声时进容易得多。所以，相同的力量配比，我选择在开始集中进球，我就获得了总体先机。总的来说，这个便宜，我占了。

虽然，这种玩法不见得讨好，球场上你一用力，谁都看得见，这能够理解。但是，若换了运用场景，当我们面对的事物不是篮球，不是球场道德，而是工作和学习，那么，它潜移默化的力量将依然令你惊讶。今天我们谈论的是“拖延”，你就需要知道这种模式的存在。

“拖延”这东西，听得耳朵都要中毒，却很少有人提另外一个词——“超前”。

拖延——拖向后，超前——超向前。好像一个箭头的两个方向。只着重提一个，我认为这很不公平。而你如果只是经常看到其中一个，我认为对你不公平。因为超前——真是个有趣的存在。

超前有助于抓住重点

为了克服拖延症，我们换一种模式，朝向拖延的反方向——疯狂模式——超前完成。这个概念并不陌生。因为你以前可能做过很多类似的工作，比如读书十几年，老师教你做的“预习”。这就是一种提前缓解压力、争得主动权的办法。但，这还不够。有些人会做得更多。他们超前学习，你学习第三章，他们已经学到第五章了。

你以为超前学习会破坏“新鲜感”，于是就认为，既然他已经破坏了新鲜感，那我带着新鲜感学习，就会学得比他好。一堂课，今天老师才教第五章，他就自作聪明地学到了第八章，但今天上第五章的这堂课，我新鲜感犹在，听课牢牢，效率比他高！这种话你也信啊！

你可能不知道，他既然已经提前学习了第五章，那对他来说，今天就是他的一次复习——而且是老师带着复习。你见过天下的老师给你教授新课，哪有见过老师像教新课一样仔细地带领你复习的？

所以，第一点，他复习的效果相当显著。

第二点，他知道什么地方重要，心中有数。而你个小可怜虫，整节课紧绷着神经不知道哪里是重点，连老师讲题外话你都用抓重点的注意力在听，真会神经衰竭的。

第三点，如果那个提前学习的同学，在上课的时候经常发言，还问一些你没有意识到的关键性问题，这真的会让你自卑的，你怎么看怎么觉得他聪明，他怎么能发现那种好问题呢？记住：聪明人选择“偷偷”跑在你前面，只是他不告诉你。

第四点，至于你说的“新鲜感”，新鲜感不就是用来体验的吗？我提前体验了难道不是体验啊？我早就尝过鲜，你现在才能羞涩地吃上一口，你就嘚瑟了？

超前学习会不会花费更多的时间?

未必，也许更少。这是一种学习模式的转换，把整体战斗时间线往前平行迁移，并不会导致产生比原先更多的时间消耗。但是可以说，前者牢牢占据了主动地位，能量是积极的。养成习惯，正向循环，可喜可贺。

你接受不了很可能是因为你没有尝试过，即使尝试过，也许也没有习惯下来。毕竟习惯一种新的模式，需要重新考虑如何应对原先的方方面面。很多人可能会有一个疑问，那就是一个拖延的人，他连克服拖延都做不到，怎么就可以去“超前”呢?

什么东西需要克服?是不是我们认为不好的东西，我们才认为需要“克服”?是不是我们在心里认定那是一件挺难的事情，所以我们才需要“克服”?

我们从来都在认可拖延的“崇高”地位，经常谈拖延，也经常拖延。拖延误事，拖延不好，我们深深认可了解决拖延难度的存在，所以我们需要克服——极力克服。这种“克服”本身就是一种巨大的消耗，消耗你的精力和意志力。你越是努力地“克服”，越是发现自己能够克服的“肌肉”抵挡不了拖延的大势。的确是可以越克服越坚强，越反抗越强大，这种克服、这种反抗的确会形成一种“意志肌肉”。但我得说，这种“肌肉”成长得太慢了。而且，即便肌肉再强大，那也是一种“消耗”啊。因为它自始至终都在选择一种“对抗”的姿态。这种对抗，即便是“胜利”了，也是敌损一千，自损八百。不光彩。

那么，超前呢？你超前，并不需要克服“拖延”，而是一种主动的姿态。它是一种模式的选择、模式的转换，并不会历经“克服”的痛感。相反，超前的姿态往往能够获得主动权、获得先机。

这个世界那么多的人都在被动，你是少数明白“超前”其实只是一种模式的转换的人，深谙此道并暗度陈仓地实施，你觉得世界会亏待你吗？

该不该在社交平台上投入较多的时间与精力？

因为一段时间内我在知乎特别活跃，就总是被问到这样的问题，我选一个典型的提问，在此统一回复。

这个问题是这样的："用了一段时间知乎后，最近在想，是否该在知乎上消耗自己的时间和精力？一开始用知乎确实觉得有收获，从各种答案里学到不少东西。但是逐渐发现毕竟这些还是碎片式的信息；相比自己之前把时间花在多读一些好书上，不断接受这种碎片式信息使自己独立的主观思考能力越来越差，会不会最终变成了人云亦云的跟风群众？"

我想，这可能就像，终于知道自己患了癌症的人，再也不用担心会得癌症。

有时候，“确诊”——是解决焦虑的额外方法。要消除题主小小的疑虑，题主需要一次大大方方的“确诊”。没有“确诊”，怎么办？那就“造一个”，伏尔泰说，“即使没有上帝，也要创造一个”。好在，这些都不必太劳烦，因为我们看到，题主似乎已经有了“确诊”的希望。他需要的，就是再向前迈一步。你以为向前的一步有地雷？踩踩吧。总比徘徊不前、患得患失来得安心。

就这个问题而言，以我的自身经验来说，我认为它只是阶段性产物。

你现在遇到的只是一个小问题

我们说，这是个“小小问题”，那是因为，很多新人玩知乎，一时间为纷繁所迷眼，都会产生这个问题。

大概也就是十天前，我坐在一辆敞篷（窗）的公交车上，见一姑娘一路刷着知乎。我有点关注量，因此我也有点“有点关注量”带来的虚荣心，我那时想，这姑娘刷来刷去，会不会刷到我的页面呢？我纯属好奇。怀着新时代彬彬有礼的绅士风度，我没好意思去打扰她。我只是时不时偷瞄一下她的手机屏幕……

十分钟后，我看见一个歪头小绿人，好像在她的屏幕上对我眨眼睛……我感叹，这世界真小！

你看看我的头像，当初考虑即使有人没有看过我的文章，光也能缓解视觉疲劳，因为我喜欢写长文，于是用了一个绿色主题的头像。

在公交车上，我远远看着自己头像却有点扎眼。“红灯停，绿灯行”，我才联想到交通规则的这句话，原来绿色的穿透力这么强，怪不得用在了红绿灯上。顿时感觉自己头像就像是十字路口的“绿灯”，兴奋坏了。

想一想，我来知乎，已经有一整年了。

这一整年，我回答的问题越来越多，关注我的人也越来越多，可成就感和满足感却较之最初渐渐少了。有时候会感到迷茫，不知道自己做这些的意义何在，但凡能激起我的好奇心的事情，我都心存感激。

如果你也选择了知乎这类的分享平台，发表观点，写些心得，也许你会发现，这就和老人的糖果陷阱那个故事是一样的。老人的糖果陷阱讲的是，一群小孩在一个老人屋前玩耍。老人为了把他们最终支走，反其道而行之。第一天奖励每个玩耍的小孩丰厚的糖果，之后每天奖励的数量不断减少，终于有一天小孩们不干了，不愿意再来“为他”玩耍，就再也不来老人的屋前玩耍了。

老人的巧妙之处就在于，把小孩子为快乐而玩耍的内在驱动力，转化成“为糖果”而玩耍的外在驱动力。老人以此获得对小孩们玩耍行为的操控权，这也就像是社交平台对我们的控制和影响一样。

对我自身来说，这就跟我在知乎写答案是一样的，刚开始在知乎写答案，就是为了获得别人的点赞。知乎点赞的机制就是这个老人。

一开始的时候，我获得的赞很少，第一个赞曾经让我激动得感天谢地，慢慢地随着来自天南地北的志同道合的朋友在网络相遇，赞我的人也越来越多，现在哪怕是100个赞也不能让我有太大的情绪波动了。我似乎开始失去对认同感和成就感的喜悦和快乐之情，哪怕我曾经那么看重它们。

刚开始玩儿知乎的时候，“赞”能让我快乐，后来我看到很多抖机灵的人照样得到很多赞，我就觉得光是赞，没水平，我不屑。然后我看重收藏量。收藏量进入知乎前五十了、前三十了，我现在又不看重这些了。刺激点转移了，我的快乐点也转移了。我在以上的两个过程中一直在想，为什么会有这样的状况。

最开始我看重赞，之后快乐少了，我不再看重了。

后来我看重收藏，现在的快乐也没了。

我不禁自问，在知乎，我的下一个吸引点在哪里？

以我自己玩儿知乎的经历类推思考，我认为这不单单是玩知乎的问题，而是关乎一个人对“兴趣”的处理观念。这个世界每天都在盗走你的注意力，你的注意力被吸引的地方，有一位老人，他会给你糖果，“很高兴你为他玩耍”。这个时候，你要想到，要不要接受这颗糖果。

小时候妈妈说：不要随便接受陌生人的礼物。想到这句话的时候，我为那些因为接受了陌生人的礼物而失去了的乐趣伤感了。妈妈讲得真对。

如果你写答案，为赞而写，为收藏而写——这些平台也愿意你这么干。但终有一天，我的经验是不超过一年，你的快乐指数会大幅缩水，那个时候你就会对平台和自己失望，大概再也不会让你有心情来顾虑“玩知乎，越陷越深，怎么办”。因为你没有兴致了。而如果，你能通过一番领悟，懂得适时拒绝“老人的糖果”，懂得要做一个“为快乐、为自己玩耍”的家伙，你很可能就不再会有这样的忧虑了。当你把注意力转回到自我表达和自我扩展上，你这才找到能让你保持持续好奇心的不二法门。

知乎、微博、得到一类的交互类知识平台，其本身就自带吸引力，乱花渐欲迷人眼。你需要做的则是找到自己真正喜欢和想要的，去追随它，而不是在人流中被推搡、被选择，以至于最终被抛弃。

如果不是真的热爱，不要害怕深陷；

如果不懂得正确热爱，就不要害怕它真的会成就你；

如果不是真的热爱知乎，就不要害怕沉迷，因为你沉迷不了；

如果你热爱在知乎平台写作，却不懂得拒绝老人的糖果，为赞而献媚、为收藏而造作、为开live而奔命……那么，知乎这个平台难以持久地给你提供兴奋点，它也就不会成就你。毕竟，让你有所成就不是知乎的责任。知乎的主旨很明确，它只是想让你“分享自己的知识……”，它不为你误入歧途而负责。

如果不写答案呢，那就更不用说了，等那股劲儿消化完，就消停了。或是认识到“之乎者也”，不过如此；或是认识到“哇，到处牛人”，走夜路小心，以防踩到牛人……走马观花者，最会学得一种偏激。

小问题总能引发大思考

你把精力投入到一件事的时候，不论是投入的学习还是投入的恋爱，你从来不怀疑自己的真心实意。可正是因为这种真心实意，你和姑娘谈恋爱的时候、你不眠不休埋头苦读的时候，过分的“投入”本身，会变成一种负担。

我们其实是害怕认真的。我和你谈恋爱，我希望你出于真情实感，你又何尝不是这样希望呢？当你有这样的期望的时候，我又何尝不知道呢？当我们都知道的时候，我们没有谁不认真。可是一认真，我们就都怕了。害怕认真的后果，所以有时候我们会做出切实荒唐的行为：因为害怕真的爱上一个人，所以选择拒绝深爱。而这种草率行为背后的根源是：我还没有想好，要不要就这样跟你一辈子在一起了。

万一选错了呢？

我们都没有客观的理由认为，在你面前的这一位，就是你一辈子“对的”那一位。我们只能寻求主观的“感觉”，有时候甚至是说服式地催眠自己相信：ta就是“对的”那位。也许真正对的只是你“那时的感觉”。活在当时、当下，真正做到兴尽而返的人，始终信奉“深爱深痛在所不辞”的哲理——这样的人，自然不必苦恼，因为他们感情丰沛，痛乐无妨。

可是，一个有理性、有权衡，想要做一辈子长度衡量的人，他们就怕，此时的“感性”，会在不久的将来被理性所破……这种人，一旦认真了就会立马盘算，结局的不确定性，会让他们陷入难以摆脱的纠结当中。

当我们发现自己对知乎一类的平台过分投入精力、过分投入时间，甚至过分投入感情，觉得知乎好玩时，到了这个阶段，知乎却考验了我们的选择：这样玩下去好吗？就像一个人到了那个需要盘算的时刻，他问自己：和她这样继续下去，好吗？

如果这只是关于玩知乎（另外辐射到恋爱）的问题，那么它还只是一个“小小问题”，如果它折射了人们关于选择的焦虑，那就是个大问题了，我把它称作——“投入恐惧症”。

“投入恐惧症”，我认为这是指人们存在这样一种心理，即，当对不确定性事件投入的时间、资源等达到一定程度时，人们的焦虑症状会因是否继续投入而大幅提升。

“不确定性”，是我们动摇的根基，是一切动摇的根基。

对于人生，对于恋爱，关于它们的“不确定性”，我们无法消灭，所以，我们也只能永远是幸福伴随着苦涩的焦虑；我们也只好这样想：正是“不确定性”，才显示了它的丰富性。

大到生活，小到知乎平台，它们没你想象的那么神奇，你所感受到的神奇只是阶段性的；它们也没你日后贬斥的那么不堪，至少，它留住了你一段青春；但是，也仅此而已。你的确应该时刻警惕将生活的主动权紧紧握在自己手中，但同样地你也需要摆正心态，一切事情可能并没有你想象的那么严重。

自控力极差的人的自救指南

自控力差表现的症状或后果包括但不限于：

1.无法长时间做同一件事情。

2.注意力很容易被转移。

3.情绪管理存在问题，遇到外部影响，情绪波动较大。

4.常年没有完整阅读过任何一本读物。

5.由于浅阅读及情绪波动，导致语言表达能力退化，无法将文字顺畅转化为口语进行表达。

6.精神状态的起伏，以致影响身体协调能力、语言组织能力的起伏。

7.短时记忆存在问题，在几秒钟之内会忘记之前所要做的事情、想说的话。

如何提高自控力？不讲理论，看懂就能运用，咱们就来点实在的：要提高自控力，只需要一个简单的技巧就能够做到。

这个技巧，说简单也不简单，巧妇难为无米之炊，你再穷也买得起——一个笔记本；反过来讲，即便你富可敌国，你也要放得下姿态去买——一个笔记本。

在生活状态已经渐入佳境的今天，面对着信息洪流以及无处不在的诱惑，有些人沉迷于放纵，有些人已经意识到自控的必要性。那么，在经济条件支撑得起的情况下，我希望一个笔记本能够成为你走向自控的标配。为什么要浓墨重彩地强调笔记本？不是为了扩充文本，不是为了夺人眼球，而是为了给这个方法必然需要满足的一个“变态”条件做铺垫：

想要自控，你就得带着它。

这个听起来很容易，实际做起来却很难。

因为很难看，因为如果你上大街不是带着一个女朋友，而是带着一本笔记本，别人不会觉得你很幽默，只会觉得你很奇怪；

因为很难做到，因为你会发觉这是一件无聊的事情，没有荷尔蒙刺激、没有人因为你上街带着一个笔记本而奖励你——除了你的小学老师，但前提是你还必须是个小学生……但这是悖论，小学生根本不需要用我这个方法，所以对你来说是一个艰难抉择。

如果你能够跳过以上种种的心理障碍，已经能够假装轻松自如地每天带着笔记本上街、上班或者上学； 如果你已经能够做到随身携带笔记本——那我要告诉你，你已经完成了第一个标准动作！

万事开头难，但下面的第二个动作更难。因为它不是一次性动作，而是强调多次。

记录的频次——120的标准

如果我让你在笔记本上一天记录120次的某些东西，你肯定会觉得这个难度完全超出了想象，你会灰心丧气地打算放弃。

别急！我不会太强人所难的，不是120次，而是十次以内。

朝九晚十，这是一般工作者日出而作——夜深而息的时间，时间跨度为13个小时；朝八晚十二，这是一般大学生的作息时间跨度，16个小时；这里为了使所讨论的时间尽量覆盖更多人群，还是以我的时间作为参照系吧：6点早起，夜12点休息，共计18个小时的工作或学习时间。

前面的“120”，单位是分钟，是时间，即两个小时。一天，跟笔记本打交道的次数，应该是18/2=9次！

相对于那个你最初误以为的120次，这个9次，是不是至少让你轻松十倍了？恭喜你遇到我，我总是一个希望大家能够轻松十倍的人，这一次，由于误会，我轻松地做到了！

记录的内容——你要学会有效地利用笔记本

目标+N次重新规整的计划

这么说太笼统了，我们来设想一个故事，故事的主人公是我，我是一个初入职场的白领，我为自己设立的短期目标是——在30天内背1000个单词。

某年5月2日，我早晨6点起来，从枕头下面掏出的第一样东西就是——一个笔记本，我郑重地在笔记本扉页上醒目地写上我的短期目标：

“某某某——我要在5月份的30天内，背1000个单词！”

接着，重中之重来了。我凝神静虑，感觉刚起床头昏脑涨，但是刚刚写了“目标”，我心中是斗志昂扬的，那么我想到，接下来两个小时的活动步骤应该是这样的：

1.半个小时，洗洗刷刷，顺便听听英文单词，内容与工作业务相关，应该说是职场英语了。

2.半个小时，整理打扮。

3.半个小时，搞定早餐。

4.半个小时，记忆前的准备工作。

时间一定要抓牢，因为两个小时消耗完了，又到了笔记本时间，你得拿出笔记本——必须拿出来！

你看到醒目的第一行字：

“某某某——我要在5月份的30天内，背1000个单词！”

这时看到目标，你的精神又一次振奋，这是为什么呢？因为，你想想看，从6点到8点这个时间段内，我唯一做的与目标相关的事情就是听职场英语……其他的事情就只像打杂一样，虽然洗脸每一天都很必要，但每一次洗脸——这个事情根本就不是和我的“短期目标”挂钩的。

上面那个臆想的例子有一点半开玩笑的意味，那么我们再说得严肃一点。一个学生，他马上就要开学了，他的目标是这一年要争取拿到奖学金。早晨6点钟的那个时刻，他跟我一样信誓旦旦在心里确立了目标，通常情况会是怎样呢？别说两个小时了，就是从他寝室到达教室短短的十几分钟，他心中那个目标也早不知道被遗忘到哪里去了，到了教室，他的状态也没有什么根本上的变化。又或者今天我明确知道我定的目标是要好好学习，也许只是因为我今天又意识到了这一点，所以今天我学习了半个上午……不幸的是，我第二天就暂时忘记了那个心血来潮的目标，那第二天的状态就是一如既往的，直到你又意识到自己进入了无所事事的状态，此刻你才又想起心中那个未完成的目标，于是你振奋，背起小书包又去学了一天，可惜的是，你这晃来晃去之间，时间已经过去有点久了，这可能已经是第五天了……接下来类似的情况，还是时有循环发生……终于在最后你发现，你没有完成目标，或者只是勉强完成了目标，不满意？很失望？这就是我们绝大多数人经历的常态。

现实情况往往不是我们没有目标，也不是常常立志有错，我认为所有人在实现目标的道路上，最大的一个障碍就是：不自觉地遗失了目标感……我实实在在觉得，就是这个原因，真就是这个原因。你做事情的时候开始还记得目标，但后来做着做着，目标感好像就无踪无迹了！

让目标感不断地在每个要遗忘的瞬间，再回过头去看一遍笔记本上醒目的字，这就获得了注意力的回收，也重新意识到了目标的存在！这就是目标感的回归！这就是笔记本对我们重复性提示的重要意义。

对于自控力差的人，我要分享给你这个“笔记本提示法”的小技巧。没准就因为这个小技巧，你会比我成功得多，那就请接受我的羡慕。同时我也认为，这个方法对超多的人都能奏效！

这个方法的核心在于：

1.能够每隔两个小时就把你的目光和焦点重新回收到你的目标上。无论你上两个小时是不是因为注意力转移做了很多无关目标的事情，也不管你上两个小时有没有混好，只要你到了两个小时的那个时刻，和全世界的人一起，和我一起，拿出那个笔记本，就会看到第一行写着醒目的字——你的核心目标。看到了目标，你就回收了注意力，在下两个小时里，你所做的事情可能会围绕着目标再一次出发，于此，你的事业重新获得了聚焦！

2.分时间做计划，很赞！有多赞，我来告诉你。对于平时做过计划的人来说，一般人总是这样：早上起来，我就想这一天要干什么事情，于是做好了一天的计划。是不是这样？是不是很科学？因为所有的目标专家都告诉我们，既要做长久的大体规划，也要做短期的细致规划，这个细致规划细到以“一天”为单位最合理……

这是他们告诉你的，我没说不对，但我很有意见：你怎么知道早上列的那些计划，不会因为下午突然来袭的种种不可预知的情况而被迫中断呢？你规划一天的时候，可曾考虑“效率”这两个字？很多人只是死板地把一天该干什么写满，然后乱糟糟地去做，结果做完了，也只是草草地完成了目标，效果也不会很好。

这就像你给自己的规划是下午2点学习英语，但是你不可能在早上的时候就知道下午2点那个时刻——那个时刻的状态是不是最适合学习英语。你无从知道，没准那个时候天气太热，你更应该去做别的事情。但如果你已经制订计划，而且你又不愿意打破计划，因为一旦打破这个计划，就意味着你的下一个计划环节可能因此泡汤或者打乱，所以，你顶着炎炎烈日昏昏欲睡地去背单词——只是为了完成计划，效果其实很差。可悲的是，你就这样变成了计划的奴隶。

我们换一种方式，为什么不在下午2点的时候再具体根据自己当时的实际状态，选择要不要学习英语呢？因为人对近两个小时的预测准确度，比对一天的预测准确度高太多了，更加符合实际多了。

我的主张是，如果一天的时间是由你掌控的，早上不要做一天的计划，只做近两个小时的具体规划，在每一个两小时里重新根据“你短期要完成的总目标”——必须根据目标，制订接下来两个小时的行动计划，这个计划是根据你的实际状态安排的，而且又紧合目标，你所做项目的效率一定会来得更高。不是吗？

虽然一天的时间不是完全由你掌控的，比如上班族，他们的时间在公司是规定好的。但是，这个方法还是很有效果的，你每隔两个小时就和世界人民一样，和我一样，拿出笔记本，盯一眼目标，你就能清醒地知道，在接下来的时间里，你应该尽量做一些有助于完成最终目标的事情，而不是不自觉地去放空。说白了，即便是工作内容你无法变动，这个方法也能够让你回收刚刚溜走的注意力，让你更加专注的去做可以帮助完成总体目标的事情。

现在我们回到文章之前那个“一个月背1000个单词”的假设目标上去，我们用新提出的方法来重新进行规划——

在8点钟的时候，我拿出笔记本，看到了醒目的目标，我就想到我任重而道远，于是在笔记本上写下8点到10点的计划：

1.半个小时，记忆当天计划的单词。

2.一个半小时，回顾之前记忆的单词。

在我奔向目标的路上，我会走得越来越远，越来越坚定；即便是两个小时之中有所分神，有所疲劳，我也能够在两个小时的节点回收一下我的注意力，根据我的新状态，安排新的基于目标的工作计划。

这个方法，虽然不一定让我一个月完成背1000个单词的目标，但这种“每到两个小时的节点就拿起笔记本，看到目标后再次回收注意力，继续把精力聚焦在核心目标之上，根据实际状态做出最合理的工作规划”的方法，在完成总体目标的效益上，总是能够出乎我的意料。

你千万不要低估了自己努力之后会取得的进步和随之日益见长的智慧。

当然，随着多媒体科技的发展，你学习过程中，阅读的书不一定都是纸质书了，你要依照自己的日常学习习惯进行载体升级，可以把笔记本换成手机，换成iPad，换成你想用的一切可以替代笔记本的任何东西。而无论用什么载体，都只是为了防止目标感在不知不觉之中暂时丢失。这个暂时——有时就是几天，在这里我特别提醒你：我们要在固定时间去回顾目标，就能够把这个“暂时”控制在两个小时之内，这才是我想要强调的。

第二章

学会学习，找对方法才能事半功倍

创造一个有意义的目标。有一个清晰的目标，学习才更为主动。假如项目不仅仅是为了学习而设立的，项目本身具有的意义会激发你的热情，为着目标而持续地努力工作，不断学习。

整体性学习技巧

斯科特·杨（Scott Young）在12个月之内，自学完成了传说中的MIT计算机科学课程表的全部33门课，从线性代数到计算理论。按照他的进度，读完一门课程大概只需要1.5个星期。这是我见过的大学生里在学习方面活得最充实的人。我觉得非常有必要向大家介绍一下他的学习方法。

1.什么是整体性学习法

他的学习方法就是一种整体性学习法。整体性学习的关键在于建立知识之间的关联，你创造的联系越多，越有助于驾驭知识。核心在于通过已有的知识结构来和新知识产生衔接，即用原有熟悉的模型来理解整合新的知识及建立联系。采铜老师也认为这是一种“进击型学习”，强调深入思考，主动寻找问题和漏洞，而不是让它们来找你。整体性学习基于三种主要观点：

（1）结构

结构就是一系列紧密联系的知识。你的基础知识结构越发达，解决起问题来就越容易。聪明的人每学习一个新概念，都会自动地与其他知识相联系。强有力的知识结构来自概念之间不断的联系，一次完成一个想法。日积月累，水到渠成。

（2）模型

模型是简化的结构。模型目标：压缩信息。通过将核心概念联系在一起，创建一个模型，在此基础上引申出全部的知识。

感知结构：是最基本的结构。生活中大量的图像、声音和情感构成了你的生活经验。

关系结构：通过故事、人物以及人物之间的相互作用可以清楚地显示我们的实际生活。

基础数学结构：可以作为建立更深层次数学结构的基础，也可以用来简化其他学科里的各种关系。

（3）建立学习的高速公路

你需要的是增加城市之间的联系，即结构与结构之间的联系。建立高速公路的好处不会马上显现出来。利用高速公路可以在专业交叉的领域建立起新的结构。

2.整体性学习顺序

整体性学习顺序也不是固定不变的。但是每一个步骤对学习都很重要。如果你总是缺少某一个步骤，或者某个步骤完成得不好，信息就不会得到很好的存储，这种学习就是失败的，因为信息不能整合到你的整体性认识中去。

（1）获取

阅读、课堂上记笔记以及个人的种种经历都是获取。获取阶段的目标是获取的信息要准确，信息量要尽量压缩。

获取信息时有三个主要目标：

①简化。找出真正需要的信息。很多作者和老师喜欢讲些无用的话，这些对形成模型没有帮助。如果你觉得不需要掌握，就大胆跳过它。

②容量。明白了信息的简化之后，你就应该获取尽可能多的信息，只读一句话当然没有读完一页理解得透彻，知道得越多，理解得就越深。

③速度。好的阅读和听讲方法能使获取阶段的状况大为改善，即使是在这个最早的阶段，大多数人也有很大的改进空间。

（2）理解

理解就是了解信息的基本意思。聪明人想要超越它，还需要了解一个公式是怎么得来的，它与其他公式的关系，以及怎样用它解决现实生活中各种各样的问题。

如果你不能立即理解某段话，并不代表你的学习是非整体性的。我的建议是当你遇到比较难的课程时，首先尝试将其分解为更小的问题，缩小范围，搞清楚真正没明白的地方，你才可以深入阅读，跨过障碍。

（3）拓展

拓展有三种主要方式：

①深度拓展：知识的背景探究。缺点是需要很多探索，但它可能是牢牢锁定知识的最佳方法。

②横向拓展：需要在知识周围建立联系，通常意味着你要建立模型，在模型与原知识之间建立联系。

③纵向拓展：运用得当，其速度要比深度拓展中探究知识的背景快得多。纵向拓展特别强调比喻法，这也是本书的核心。

（4）纠错

寻找错误，删除无效的联系。纠错可以采取很多方法，包括阅读与观点相反的书籍，以及把结论放到现实社会对比看看等。

（5）应用

根据信息是如何在现实中运行的来进行调整，如果理解不符合现实世界，那么再多也无用。

很少的知识能够到达此阶段，但如果能将更多的知识引导至应用阶段，你深入理解的知识就越多。知识中的很大一部分存在于潜意识中，这部分知识如果不去运用就得不到很好的发展。创造新的途径，应用所学知识到你的生活中去。更多地实践，抛开书本，走出去，去做实验，去接触生活，去融入社会。

（6）测试

上述阶段的每一步都需要测试，测试有助于你迅速找到学习中的问题所在。

（7）回顾，找出薄弱环节

整体性学习的顺序并不是一成不变的线性顺序，步骤之间可以往返，理解之后可以再去获取，拓展之后可以不经过纠错直接去运用，而你需要找出薄弱环节。

薄弱环节在获取阶段

获取的缺陷主要表现为下面两种：

①阅读和听讲速度慢。

②需要反复阅读。

原因有以下几点：

①阅读、学习习惯不好。容易分心，不能持久阅读，没有掌握阅读方法，导致阅读花费的时间长或者一个材料要反复阅读几遍。

②不正确的记笔记习惯。记得太多会没有时间思考。

③不理解基本名词和语法。假如对所学专业的基本概念都不清楚，那么读书也是一头雾水，毫无所获。

解决获取缺陷的方法是养成良好的学习、阅读和记笔记的习惯。获取并不是学习中最重要的阶段，所以如果你在获取方面表现不够完美也不用担心。

薄弱环节在理解阶段

理解困难的表现如下：

①你虽然在读书，但是不知道作者到底说的是什么。

②笔记记得很清晰、完美，但是你却不明白什么意思。

要明白字面上的意思并不需要什么魔法，我的建议是如果理解有困难，不如寻找写得更好、解释更清楚的材料阅读，而高级技术如比喻法或内在化只有在基本的理解（也就是字面上的意思搞清楚了）达到后才能发挥作用。

即使你觉得无法理解一段话，也不必太忧虑，这很少成为主要的问题。遇到不能理解的问题时，你可以放慢阅读速度，寻找不同的说法。一般我遇到新概念、新思想时，在完全理解前总会耽误很长时间，我的强项在于一旦有了初步的理解，我就能迅速抓住它，并且快速地让其成长，因此我就能轻松地运用它。

薄弱环节在运用阶段

该阶段的问题：理论得不到实际的运用。唯一的办法就是更多地实践，抛开书本，走出去，去做实验，去接触生活，去融入社会。

3.整体性学习技术（具体技术）

◆获取知识的方法

快速阅读（需要反复练习才能达到）

（1）指读法

使用手指会让你的眼睛停留在阅读的地方，这样简单的方法能够帮助你提高阅读速度。使用指读法的开始两周可能会感到不适应，不过一旦你适应了以后，食指划过书本也很自然，手指提供的控制和聚焦会大幅度提高阅读速度。

（2）练习阅读法

当你练习阅读时，你的目的并不是吸收阅读的内容，练习阅读的唯一目的是训练自己以尽快的速度理解所读内容。比如，你可以阅读一本书，每3分钟一个标记，之后加快速度；比如，先阅读3分钟，然后尽可能地写下要点。后者是针对提高理解力的。

（3）积极阅读法

积极阅读强调深入地理解材料，自然降低了阅读速度。开始积极阅读时，准备好要读的书和笔记本，在笔记本上写下每章的标题和亚标题，每读完一小部分时（指读法），在笔记本上记一些笔记：

①这一节中主要点是什么？——获取完整信息

②我怎样才能记住主要点？——对信息进行联系、比喻法

③我要怎样将主要点拓展开以及应用它？——运用

如果你对教科书里面的每一个知识点都如此，你一定天下无敌。不必对每个知识点进行完整的积极阅读，只针对自己需要理解和记忆困难的那些内容。

笔记流

我一直信奉“一次学会”的学习原则。你在学习时要全神贯注地听老师讲课，而不是忙着做细致漂亮的笔记，等到课下再学。记笔记是为了更好地理解所学内容，不要忘记这个目的。使用笔记流时，首先写下最主要的观点，尽量用很短的单词来替换完整的句子。

一旦你写下了一个观点，下一步就是在这个观点（或信息）和其他观点之间画上一些箭头，观点呈现出相互关联的关系，将观点连在一张网中。

比喻法

找出比喻的步骤：

（1）确定你要深入理解和记忆的信息。

（2）在你的个人经验中寻找与信息部分相似的东西。要达到完全符合一般不太可能，所以与其寻找一个完全符合的东西，不如稍作让步，找到十几个部分符合的“不完美比喻”。

（3）重复上述过程，检查比喻不恰当的地方。

运用比喻法的技巧：

（1）要有寻找比喻的欲望。你要不断地问自己什么样的比喻才能很好地描述要学的知识，否则你什么也得不到。

（2）注意第一个出现在脑海中的念头。

（3）优化和测试你的比喻。你经常会碰到找到的比喻只是部分符合要学的知识。我建议你再找几个不同角度的比喻，这样做不仅会减少理解上的错误，而且会创造广泛的联系，从而改善结构的质量。

内在化

怎样进行内在化：

（1）明确你要内在化的概念。

（2）从建立脑海中的图像开始。要让图像动起来，就仿佛在看一部电影一样。

（3）现在开始加上其他感官，加入更多的感觉或情感。

（4）重复和优化图像，直到你一想到它就能很快回忆起所学的知识来。

流简图

从一个简单的元素开始，然后在这个成分及与之相联系的不同知识之间画出联系箭头。

以简图为基础的流适用于：

①绘制一系列的步骤（有先后顺序）。

②绘制历史事件，创造分支将事件联系在一起，不仅通过事件之间的因果关系，而且根据事件的发生时间来建立联系。

③绘出一个系统。

概念图

根据观点之间的内在关系，在不同观点之间画上箭头，箭头上还需要加上一些简单的说明，解释二者是什么样的关系。

◆随意信息的处理方法

联想法

目的是将一系列观点串在一起，就像链条。一旦你进入链条中的一环，就可以轻易地到达链条中的其他环节。

步骤：

（1）创造顺序。

（2）给每一项设一个符号。设计的符号要能让你迅速联想到原始的知识，因为联想法记住的是视觉符号，而不是抽象信息本身。除非你确信能从视觉符号想到原始知识，否则不要使用联想法。

（3）创建属于自己的联想。创造生动夸张的图像，能将序列中的两个符号联系在一起。

联想法的难点：

（1）符号重复——给同样的符号加上不同的颜色。

（2）断裂的联系——联想链最好不要太长，建议5~15个为好。

（3）难以辨认的符号——符号最好清晰简明，容易记住。

（4）触发物丢失——你可能需要增加一个联想，一个列表中第一项和触发物之间的联想。

◆信息压缩的方法

目标是减少信息的容量，寻找信息的逻辑关系。

（1）记忆术

用一个短语或单词来储存数个信息的方法。

（2）图像联系

把几个信息联系起来并且用一张简图来表示。

（3）笔记压缩

笔记压缩对于快速掌握大量材料是一个有用的办法。

步骤：

（1）拿几张空白纸，准备好要压缩的笔记，这个练习可能会花费一两个小时，要确定你有时间。

（2）尽量使用最少的字，写下笔记中的主要观点。

（3）写下与之相联系的观点、公式、概念或定义。

（4）持续上述自由写下观点的过程，直到将笔记中的每一个主要观点都写下来为止，最后你得到大约1~3张密密麻麻写满信息的纸。

（5）加工、修饰得更有条理、更好看一些。

接下来的两个月，每周抽一点儿时间，看看学到的知识如何运用到自己的实际生活中去。花5~10分钟罗列各种可能运用到的地方，确保有20个用处。不要嘲笑那些看起来可笑的想法，尽可能写下来。如果有可能，付诸实践。

我的建议：

1.从小项目开始。一个好的项目会提升你的层次，但是太大的、看起来遥遥无期的项目会动摇你的信心。所以，如果你的目标仅仅是学习，还是设定一些需要花费1~3个月时间的项目为佳。

2.记录下来。将完成项目的过程记录在纸上，翻阅前面的记录会加强你的自信心。

3.创造一个有意义的目标。有一个清晰的目标，学习才更为主动。假如项目不仅仅是为了学习而设立的，项目本身具有的意义会激发你的热情，为着目标而持续地努力工作，不断学习。

斯科特·杨的超强学习法

钻研：你学得更快

第一阶段：知识面覆盖

你不可能组织一场进攻，如果你连一张地形图都没有。深入研习的第一步，就是对你需要学习的内容有个大致印象。若在课堂上，这意味着你要看讲义或读课本；若是自学，你可能要多读几本同主题的书，相互考证。学生常犯的一个错误，就是认为这个阶段是最重要的。从很多方面来讲，这个阶段却是效率最低的，因为你每单位时间的投入只换来了最少量的知识回报。我常常加速完成这个阶段，很有好处，这样，我就可以投入更多的时间到后面两个阶段。

如果你在看课程讲座的视频，最好是调到1.5×或2×倍速快进。这很容易做到，只要你下载好视频，然后使用播放器的“调速”功能。我用这法子两天内看完了一学期的课程视频。如果你在读一本书，我建议你不要花时间去高亮文本。这样只会让你的知识理解停留在低层次，而且从长远来看，也使学习效率低下。更好的方法是，阅读时只偶尔做做笔记，或在读过每个主要章节后写一个段落的总结。

第二阶段：练习

做练习题，能极大地促进你的知识理解。但是，如果你不小心，可能会落入两个效率陷阱：

1. 没有获得即时的反馈：做题时最好是“答案在手，天下我有”，每做完一道题就对答案，自我审查。没有反馈或反馈迟来的练习，只会严重牵制学习效率。

2. 题海战术：一些学生认为大多数的知识理解产自练习题。是的，通过题海战术，最终你总能搭起知识框架，但过程缓慢、效率低下。

练习题，应该能凸显你需要建立更好直觉的知识领域。一些技巧，比如，我将会谈到的费曼技巧（The Feynman Technique），对此相当有效。对于非技术类学科，因为它更多的是要求你掌握概念而不是解决问题，所以，你常常只需要完成最少量的习题。对这些科目，你最好花更多的时间在第三阶段，形成学科的洞察力。

第三阶段：自省

知识面覆盖与做练习题，是为了让你知道还有什么不懂。接下来的技巧，称之为“费曼技巧”。

费曼技巧（The Feynman Technique）

这个技巧的灵感，源于诺贝尔物理学奖获得者理查德·费曼（Richard Feynman）。在他的自传里，他提到曾纠结于某篇艰深的研究论文。他的办法是，仔细审阅这篇论文的辅助材料（supporting material），直到他掌握了相关的知识基础、足以理解其中的艰深想法为止。

对付一个知识枝节繁杂如发丝、富有内涵的想法，应该分而化之，切成小知识块，再逐个对付，你最终能填补所有的知识缺口，否则，这些缺口将阻挠你理解这个想法。对此，请看这个简短的教程视频。

费曼技巧很简单：

1. 拿张白纸；

2. 在白纸顶部写上你想理解的某想法或某过程；

3. 用你自己的话解释它，就像你在教给别人这个想法。

最要紧的是，对一个想法分而化之，虽然可能重复解释某些已经弄懂的知识点，但你最终会到达一个临界点，无法再解释清楚。那里正是你需要填补的知识缺口。为了填补这个缺口，你可以查课本、问老师，或到互联网搜寻答案。通常来说，一旦你精准地定义了你的不解或误解，找到确切的答案则相对而言更轻松了。

我已经使用过这个费曼技巧有数百次，确信它能应付各种各样的学习情境。如下：

◆ 对付你完全摸不着头脑的概念

对此，我仍坚持使用费曼技巧，翻开课本，找到解释这个概念的章节。我先浏览一遍作者的解释，然后仔细地模仿它，并试着用自己的思维详述和阐明它。如此一来，当你不能用自己的话写下任何解释时，“引导式”费曼技巧很有用处。

◆ 对付各种过程

你也能通过费曼技巧去了解一个你需要用到的过程。审视所有的步骤，不光解释每一步在干什么，还要清楚它是怎么执行的。我常这样理解数学的证明过程、化学的方程式与生物学的糖酵解过程。

◆ 对付各种公式

公式，应该被理解，而不只是死记硬背。因此，当你看到一个公式，却无法理解它的运作机制时，试着用费曼技巧分而化之。

◆ 对付需要记忆的内容

费曼技巧，也可以帮你自查是否掌握非技术类学科那些博大精深的知识概念。对于某个主题，如果你能顺利应用费曼技巧，而无须参考原始材料（讲义、课本等），就证明你已经理解和记住它了。

形成更深刻的直觉（Deeper Intuition）

一个想法的多数直觉，可作以下归类：

◆类比、可视化、简化

类比：你理解一个想法，是通过确认它与某个更易理解的想法之间的重要相似点；可视化：抽象概念也常成为有用的直觉，只要我们能在脑海中为它们构筑画面，即使这个画面只是一个更大、更多样化想法的不完全表达；简化：一位著名的科学家曾说过，如果你不能给你的祖母解释一样东西，说明你还没有完全理解它。简化是一门艺术，它加强了基础概念与复杂想法之间的思维联系。

你可以用费曼技巧去激发这些直觉。对于某个想法，一旦你有了大致的理解，下一步就是深入分析，看能不能用以上三种直觉来阐释它。其间，就算是借用已有的意象喻义，也是情有可原的。例如，把复数放到二维空间里理解，很难称得上是新颖的，但它能让你很好地可视化这个概念，让概念在脑海中构图成型。DNA复制，被想象成拉开一条单向拉链，这也不是一个完美的类比，但只要你心里清楚其中的异同，它就会变得有用。

◆学得更快的策略

在这篇文章里，我描述了学习的三个阶段：知识面、练习与自省。但这可能让你误解，错以为它们总在不同的时期被各自执行，从不重叠或反复。实际上，随着不断地深入理解知识，你可能会周而复始地经历这些阶段。你刚开始读一个章节，只能有个大概的肤浅印象，但做过练习题和建立了直觉以后，你再回过来重新阅读，又会有更深刻的理解，即温故而知新。

◆钻研吧，即便你不是学生

这个过程不只是适用于学生，也同样有助于学习复杂技能或积累某话题的专业知识。学习像编程或设计的技能，大多数人遵循前两个阶段。他们阅读一本相关的基础书籍，然后在一个项目里历练。然而，你能运用费曼技巧更进一步、更好地锁定与清晰表述你的深刻见解。积累某话题的专业知识，亦同此理；唯一的差别是，你在建立知识面以前，需要收集一些学习材料，包括相关的研究文章、书籍等。无论如何，只要你弄清楚了想掌握的知识领域，你就钻研下去，深入学习它。

碎片阅读如何形成知识体系？

互联网发展的大背景下，移动端媒体和阅读平台相继搭建，并不断完善，其所带来的碎片化阅读形式非常强烈地冲击着传统阅读方式，人们生活、工作间隙，大量的碎片时间被重新利用起来。经常在碎片时间进行大量碎片化阅读后，我们发现，碎片阅读的内容题材广泛，但由于时间的限制，多为短小精悍、字数和篇幅都十分有限的文章。这让我们很难对一个知识内容形成完整的认识，因为碎片阅读有易于浏览、少有深入、容易忘记的特点。

我应对的方法是：

主动挑选阅读内容，拒绝平台化普及类推送，把本已经体系化的知识碎片化切割，用于碎片时间阅读。

碎片阅读的本质

凡是问题都要究其本质，碎片式阅读本质上属于离散阅读，由于契合了现代人的快思维特点，使得该阅读方式在有阅读需求的人群中攫取了广泛的生存空间。

碎片阅读在当前多表现为快速阅读状态下的浅层次阅读，而与之相反的是沉浸式阅读，这种方式在阅读经典时经常能够得到体现。当前绝大多数有阅读需求的人们也多以此调整阅读状态：

1.在碎片时间——碎片阅读——快速、浅显

2.大块时间——只读经典——深入、厚重

碎片化阅读是互联网的通病，每个人都深陷其中不能自拔，我也不例外。碎片化阅读的反面是沉浸式阅读，这才是盛产体系化知识的好方式。虽说碎片式阅读和沉浸式阅读是在不同阅读状态下进行的不同选择，而碎片阅读在当前的普遍用处也只是用于接收实时性资讯，更加注重的是启发性和娱乐。如果我们希望在碎片化阅读状态下形成知识体系，我们该怎么做？

我认为，形成知识体系这件事，从来跟阅读状态都没有关系，而完全取决于阅读内容和阅读技巧。现在，假设你把碎片化阅读知识体系建设当作一次积累财富的过程，实时资讯、浅层次文本是普通货币，你亲自精选的系统、有条理的高质量文本是金币，这样长久以往地阅读下去，你觉得积累哪种货币会让你更快地成为

富翁呢？

把普通知识货币变成知识金币，方法就是提高碎片阅读的含金量，阅读效果从来就是靠内容含金量和内在思考含金量决定的，建立一个等式：

阅读效果=内容含金量×思考含金量

对内容含金量和思考含金量这两个变量来说，我们可以分别找到方法应对。

内容含金量：碎片阅读的内容质量散、乱、差，所以需要提高内容含金量——你认为沉浸阅读价值非凡，这主要体现在沉浸式阅读中我们对阅读内容的选择有更高的门槛，那我们选择切割高价值内容，在形式上对高价值内容进行拆解，而不影响其核心阅读内容，是不是就可以解决了？这就可以通过一般方式来提高碎片内容的质量，比如，管控的微信公众号订阅，选择发布内容与你的要求和阅读习惯相适应的微信公众号订阅。但是这只是在大方向上进行了我们最容易做到的内容管控，还是拿公众号的内容来说，无论你怎么筛选都是完全达不到你最希望的内容结构的。毕竟它面向的是一类订阅人群，而不是某一特定的读者受众。那对你来说唯一能百分之百符合你个人需求的办法，就是让本身已经系统的知识取而代之，自行选择阅读内容，而非寄希望于微信公众号的日常推送。

思考含金量：大段时间的沉浸式阅读体现的是思考的连续性，这种连续性，一体现在时间维度上，二体现在思考内容的衔接上。碎片阅读的确在一定程度上打断了时间维度上的连续性，但是，我们完全可以人为在内容思考上做到——分隔连续。体系知识的模块化切割过程中，由于人为可控，所以安插到碎片时间里面，是可以完全做到内容上衔接的。而思考由信息的载体引导，在信息内容上做到衔接，则思考自然可以接续。举个简单的例子，你可以买《高等物理》，把每一个题目切割下来，放在文件包里。碎片空闲的时候，没事的时候，做两道。或者你买本《管理营销》，把“营销是什么”一块切割下来，把“管理营销是什么”一块又切割下来，放在文件包里。碎片空闲的时候，没事的时候，看一两页。更为大家普遍接受的是碎片时间记单词了，这个方式由于见效快、操作简单，受到广大人民群众的喜爱，在大马路上、公交地铁上，见到最多的就是抱着单词书、语法书的人了。

体系知识的模块化切割

第一步：了解你一天的碎片时间的分布。

第二步：切割高价值内容，进行阅读。

平时需要做一件累人的工作，即把你需要学习的高价值内容分割碎片化，将你所谓的需要掌握的体系知识以模块单位进行碎片切割。让它们像小精灵一样，渗透到你的碎片时间的窟窿里。

这样的好处是什么？一是你学习的时候很excited！——对于一个平时经常感叹碎片阅读低效、所阅读信息因为分散而收获甚微的人，这种方法恰到好处地解决了你的苦恼。因为自行分割的体系知识，在内容价值上略胜一筹，在信息的连续上更是因为人为可控，相对于以往那种低效的方式，在碎片时间阅读高价值模块，一方面不会产生像以前那样碎片阅读却收获不到体系知识的负疚感，也不用苦大仇深地喊碎片阅读无用了。另一方面整个知识体系内容以碎片的形式一点一滴渗透到你的大脑，延长你的大脑对这一知识体系内容的敏感性，更长时间地对这一知识体系内容有更细致入微的思考和体悟，能够舒缓沉浸式阅读下的阅读压力，改变集中阅读下只注重宏观结构，而忽视文本细节的状况。

有人会说，这样很累呀。

是啊，是很累的。可是谁叫你想要学习呢？多数人学习就是累的。毫无动机、毫无目的地阅读自然舒服舒心，但我们总是没办法让自己长期处于只是为了乐趣而进行阅读。总有一些知识是我们必须学习的，可往往它们并不那么有趣。绝大多数情况下，我们的阅读是伴随着动机的，我们需要高效、需要知识体系、需要时间，因而碎片时间内的阅读对我们来说是不可或缺的。我们需要思考的是怎么能在这段有限的碎片时间里，让学习效果更好，更能满足我们的需求，这的确不轻松。

信息爆炸时代的学习形势

现在是信息爆炸时代，信息的通道和载体也越来越丰富，微信、微博、论坛、书籍，关注的东西越多，自己需要学习的也越多。但经常是泛泛阅读，过了就忘了。或者经常想起学一些技术、知识，了解新的行业、学科，却往往是三分钟热情，大家有没有相同的体会？如何应对呢？

我来讲讲我的方法。

破坏式反转热爱法

我认为，我们之所以沉迷于微信、微博、论坛等信息平台，是因为我们对它们的态度太过温和友好。要想平衡信息流和阅读之间的关系，就势必要在这上面着手。具体怎么做呢？

1.规定自己学习一个小时后必须玩10分钟手机。

2.重复第一条。

我高考完的那个假期在家里自学大学专业课本的时候，感觉简直像是在看天书，看不了10分钟就云里雾里想睡觉。

可是白天睡觉太费时间，趴下迷迷糊糊几分钟到几十分钟不等，也睡不尽兴。况且由于白天睡太多，搞得我晚上失眠只能玩手机，造成了我一段时间内黑白颠倒的混乱作息，整个人浑浑噩噩打不起精神，根本无法完成自学目标。

后来，我想了个法子，想着平时最爱玩儿手机，晚上失眠的时候也都是玩手机打发时间的，既然这么想玩手机，那就在白天玩好了。看书困，但是玩手机能够振奋心情啊。

于是，每当我看不进去书的时候，立马扑去玩手机，朋友圈、空间、微博、微信……精神振奋了再来学一会儿。来来回回，反复进行的时候，我发现不知不觉课本翻的次数更多了，对于一些专业名词也越来越熟悉，并且有的时候，看起书来居然能够学习半个小时不玩手机了，再后来竟然可以一个小时不玩手机，这可把我高兴坏了。

同时，我也发现了一个非常有用的集中注意力的方法，我把它叫作——破坏式反转热爱法。

我知道，在很多人看来，我这个方法过于另类。绝大多数人想要降低手机对学习的影响，都更倾向于给手机贴上“干扰源”的标签，欲拒之千里之外。可我不这么认为。

有时候我们学习超过了一个小时还有劲头，但就在这个时候，我要把这个劲头压住——去玩手机，必须玩10分钟……因为在学习习惯建立初期，我对学习的兴致是短暂的、不稳定的。当然，即便短暂，我还是能够感受到一丝学习的快乐和成就的，而这也是我能坚持下去的动力。为了让这种成就感体验变得更加稳定持久，我还得玩手机！在这之前，玩手机纯粹是因为我想玩。这之后还玩，我是逼迫自己必须玩，并要求自己每次必须玩10分钟。

当学习变成了快乐的来源，虽然在初始阶段，这种快乐不够强烈，而我刻意不合时宜地用玩手机的动作去横加打断这种学习带来的快乐，潜意识里就会有一个声音说，是手机妨碍了我对学习产生的那种快乐的获取。所以，越到后面，情绪上对手机就越发无感——这样阴差阳错地，反而达到了我想要的效果：本来超喜欢玩手机，现在让手机戴上妨碍学习的镣铐，心里会对手机有一种罪责，最后对手机的喜欢值降低，反而把好感转移到学习上了。

这是我从自己的经验和情感体验所得出的原因。

而理性分析下来，这种做法更深层次的原因可能有这样几种：

A.间歇性压抑学习兴致。

持续做一件事情，是对我们长时间集中自己注意力的挑战。学习一个小时已经足够长了，即便当下兴致再高，顶多再学半小时。

半个小时后倦怠了，往往在这种时候，我们的潜意识在代偿心理的作用下，心里就会想："学累了，休息会儿吧。"——这句话看似轻描淡写，其实潜台词是："学习"导致我"累"了。而我们又清楚地明白，一件事情开始使得我们感到累了，如果不加以调整，是不会得到我们长期喜欢的。

以往，我们总是说"学习累了去休息"，这让我们潜意识无意中把学习这件事情当成了造成我们疲劳的罪魁祸首！让我们不知不觉间积累了对学习这件事情的厌恶……所以，如果要改变，现在必须这样做：让手机无情地打断学习，有意地对潜意识进行破坏性反转。让大脑在学的时间足够长但没有达到疲劳之前，就让玩手机这个坏蛋来插一脚，慢慢地我们的潜意识就会把罪责推到手机身上！从此，不断积累下来的便是对学习的兴致提高和对手机的怪罪！

B.激发潜在的更大的学习愿望。

理由很简单，既然手机在这10分钟之间打断了学习，那么我们对学习的兴致会在这期间增长。总让你吃糖你也觉得腻，但是让你尝一点不让你一下子吃饱，你就觉得甜蜜，想吃的欲望更加强烈……以前学习心不在焉，那是由于从一开始我们就任由潜意识把学习当作负担，一而再，再而三地进行心理抵触，心里则惦记着玩。现在，通过破坏式反转热爱法，我们逼着自己必须去玩10分钟手机，其实在玩手机的时候想着还没完成的学习任务，也会让我们在玩手机的时候心不在焉，而这正是我们想要的效果：潜移默化中学习的兴致已经慢慢增长了！

该方法关键在于：严格遵守规定自己学习一个小时之后就必须玩10分钟的这一原则性要求，但凡你一开始不遵守，整个方法的最终效果就会打折扣，事倍功半了。如果不能做到坚持，那么什么方法都救不了你。如果你是一贯认真的话，我的这个方法你也不需要了。我知道，绝大多数的人，都和你我一样，是世俗生活中最普普通通的人，既不能做到一以贯之的认真，也不会完全地放纵，都或多或少地有小缺点，但无伤大雅。所以，我的这个方法或许就是能够让你获得一次走上认真坦途的通道，我实践成功了，现在推荐给你试试，没准是个机会呢！

利用多巴胺，培养对学习的热爱

多巴胺是一种神经传导物质，用来帮助细胞传送脉冲的化学物质。这种脑内分泌物和人的情欲、感觉有关，它传递兴奋及开心的信息，也与各种上瘾行为有关。

多巴胺分泌以后，会瞬间水解细胞中的葡萄糖，使其转化成ATP，而ATP很不稳定，是必须马上被用掉的能量，不以这种形式消耗，就会以别的形式用掉，否则能量就会堵塞，会让人失去对它的控制能力。就像已经冲破堤坝的洪水，必须有所归属。

ATP产生后，人倾向于行动。必须立刻行动，以爆发式的行动消耗掉ATP这种瞬时能量。当我们觉得自己“忍不住”做什么事的时候，比如爱上一个人，比如发火，比如吸烟，比如突如其来的饥饿感，你就应该知道，这是多巴胺—ATP系统在勤奋工作中。

多巴胺—ATP的整个链条是这样的：外来刺激→多巴胺→葡萄糖→ATP，简化后是某种刺激→ATP。如果该链条被激活三次，并得到强化，就会形成惯性，也就是你会爱上这个刺激。当这个刺激是一个物体，人就会得恋物癖；当这个刺激是一个行为，人就会得强迫症；当这个东西是微博，人就成了微博控；当这个刺激是吸烟、喝酒、暴饮暴食、上网等，就产生了各种瘾症……

从生理机能上，利用多巴胺来培养对学习的热爱也不失为一个方法。

关于本文提出的破坏式反转热爱法，有朋友认为此法与厌恶疗法相似，没错，不过只是相似而已，我需要将这两者的差别解释一下。

与厌恶疗法原理的比较

厌恶疗法与其他行为疗法的理论基础相同，是巴甫洛夫的经典条件反射学说和斯金纳的操作条件反射学说。将要戒除的目标行为与某种不愉快的惩罚性刺激结合出现，以对抗原已形成的条件反射，形成新的条件反射，用新的行为习惯取代原有的不良行为习惯。

采用厌恶疗法的原则是，每逢不良行为出现时，即给予一种疼痛刺激。例如，将一根橡皮筋绑在小明的手腕上，一想去玩游戏机时就让他用橡皮筋使劲弹自己，使自己感到疼痛。运用这种强烈的刺激对抗错误的行为习惯，经过反复训练，使不良行为与不愉快体验建立条件联系，让小明在短期内形成新的条件反射，从而促使不良行为消退。

这和我说的破坏式反转热爱法不是一回事。原本厌恶的情绪是建立在学习之上，而好感建立在玩手机之上。由于学习的这条线一直在延续，即便我们再怎么不喜欢学习，我们发现在实际生活中我们硬着头皮学得多了还是多少能够发现一点学习乐趣的。正是基于发现的这些乐趣，并把它当作契机，我们可以让它被玩10分钟手机这个动作打断，潜意识里多少会产生不快，而对象就是手机。这种学习的快乐越多，这种快乐被阻断后的不快就越明显，直至由潜意识的反感变成显意识的厌恶。而同时，对于学习的喜欢却得到了不断的增长。在这个过程中，实际上是发生了兴致转移。破坏式反转热爱法更类似于反厌恶疗法的方式。

所以，从现在开始，尝试一下这个有趣的新方法吧：

1.规定自己学习一个小时就必须玩10分钟。

2.重复第一条，循环往复。

适合自己的方法总是很难找到，但你多尝试一种，就为自己多争取了一次机会。世上从来没有免费的午餐，你要的，必须亲自找寻。

规定、学习、一个小时、10分钟、手机。

少一样不行，就得实打实地来。当然，关于时间，一个小时和10分钟这两项可以根据个人情况调整，我只是提供一种可能。

你讨厌学习，让你单单拿着书本培养起学习兴趣来不容易。

你喜欢手机，让你忍痛扔掉手机戒掉玩手机的习惯也不容易。

但是把这两者绑在一块，情况或许就不同了。

用喜欢的项目带动不喜欢的项目，通过规定自己学习一个小时就必须玩10分钟的“卑鄙手段”“从中作梗”，从而实现了兴趣的转移。

记住：玩手机+学习那是对我的误解，这样的组合搞起来是无节制、不负责任。但是学习一个小时+这之后的必须玩10分钟手机就是一记有力的组合拳，切记哦。

为什么有些人在家也能高效学习？

可能你也有过这种情况，每次放假前总是心不在焉，期盼假期的快速到来，安慰自己也安慰旁人：我现在听不懂没关系！放假我会好好学！回来让你们刮目相看！

可在家学习又会面临什么情况呢？

小区里总会有散步闲聊、装修的各种噪声，感觉容易受到影响，突然间又觉得在家学习效率好低，又不能不在家。这要怎么办呢？如何在家也能学习得顺利又高效呢？

我是这样认为的：

首先，我认为放假是真正可以和同学们拉开差距的绝对重要的时间。

读书的时候，在放小长假之前学校一般都会组织一个测试，而对大多数人来说，无论在测试过程中发现自己有没有准备好，或者测试后发现自己有没有发挥好，都会这样安慰自己：没关系，反正就要放假了。对于我来说，真正的学习才开始！

如果你的确想要在家里好好学习，并希望能够做到高效，你应该怎么做呢？在这里我提供给你一个方法，详细到每一步骤都帮你想好了。

1.早起，但也不要过早。和学校时间一模一样去定你的闹钟！如果你做不到，如果你赖床到10点，懒洋洋洗漱吃饭到12点，那么你这一天的精力都会被浪费掉。好的开始非常重要，否则你的学习热情也不会持续得太久。当你浑浑噩噩起床的时候，这一天就打不起精神了，你心想着不如看电视吧，明天一整天好好学，可你心里也知道其实明天也会差不多，无论是工作还是学习都会完成得很烂。你有发现吗？当你以为一天就可以很好地完成三四份试卷、做几个工作PPT、写几份文案，经常被你这么一拖，就开始一拖再拖，直到无法再拖，才硬着头皮不得不干，往往不仅效果大打折扣，本该完成的也不能如数完成了。

2.有太多因素在影响着你，干掉它们或者避开它们！——干不掉就躲！

电视、电脑、微信、微博，外面有人呼唤你去玩耍，家里有客人等着你去应酬，有人在隔壁打牌，有人约你吃饭……这些都是影响我们在家学习的干扰项，而以我和绝大多数朋友的实际经验来说，影响我们学习的最大干扰项还是手机！你以为手机可以查资料，告诉你，你还是太天真了，从你摸到手机十分钟后就是另一个人了，手机里的各种诱惑，总能让你乱了分寸感。所以，如果你还在学习、如果你还想要坚定地好好学习，关键阶段，不要来知乎里面写答案求赞、求关注。这种感觉“让你乱了分寸感”。所以，远离这些！你需要的是一个独处的房间，自主的学习！

3.千万不要想着“别人都在玩，我为什么要学习”这种势必让你感到沮丧的问题。的确，别人在玩，别人自在地虚掷光阴，而你却必须学习，因为你不想落于人后，因为你自己也清楚地知道你的对手、你的竞争者并不仅仅是你眼前这几个玩世不恭的家伙。当你把目光看向周围人的时候，也千万不要忘记你目及之处所看不到的那千千万万的人。

4.“虽然是在家，但是我依旧在学习。对于我来说，只不过是换一个学习环境而已。”这是从你决定在家好好学习开始，就需要被你当作座右铭的一句话。每天早上，坐到写字台前的时候，对自己说，“我只不过换一个环境学习而已”，然后以平常心继续学习。

5.在家的学习，最大的优势就是只要你想，排除干扰项之后你就可以拥有以几个小时为单位的大段时间，你要学会用这大段的时间强力研读！不要平均分配任务，不要说什么今天做一点，明天做一点的。集中攻坚某一项任务，让它在第一天就被完全搞定！如果这个内容比较庞杂耗时，第一天完成不了，那就第二天继续。让大脑造成一种感觉流。不能平均分配任务给每一天，要集中时间攻坚克难。

6.不要奢求面面俱到，在家学习的时候每天给自己安排的内容不要超过两种，这样一方面可以使压力保持在合理的心理范畴之内，有助于集中注意力；另一方面，集中注意力的同时也会给你造成一种紧迫感，这种感觉有助于延长你的学习热情和干劲。

7.当你看不到别人的努力，觉得自己可以偷懒的时候，你要明白：那些看起来学得很好的人，假期一定都是在学习！你看到他们在玩，回学校还有抄作业的，可他们不会告诉你，他们是因为回去研究了50页的参考书，才没有做老师布置的这些作业！他们想让你看到他们回来也在抄作业，补作业，好让你误以为他们假期都在玩耍，满足他们小小的虚荣心，同时让你麻痹大意，好让你学习松懈、减少对他们的竞争力。当他们每一次都考得不错的时候，你以为他们真是天资过人，而你怀疑自己是不是真的笨的时候，就真的中了圈套。职场也是一样，别人也往往在独处的时候尽着自己的无限努力，你不要犯傻、不要太天真，你要加倍努力。

8.用断舍离的方法处理环境和你的关系，清理桌面，该扔的、该收起来的东西一个不留。

9.学习累了，情绪上感到逆反、厌恶了，就换个环境，调节一下心态。比如，做一份文案挪一个地方……比如在一个房间的四个角落轮流换，每一个角落写一份文案。又或者更简单的，学习、工作累了就玩会儿手机，情绪低落、感到疲惫，就刷会儿微博、看看朋友圈，自己和自己玩，自己都觉得有趣。

10.有人推荐用番茄时间法；还有人建议用重要/紧急罗列任务单……很好，很科学。如果你以前有类似长期坚持使用的经历的话，你可以用。如果没有，你就一直学吧。你的身体会告诉你，什么时候累了。实在是累了，那就立刻去休息。

11.这么多年的工作、学习经历告诉我一件事情：完整地做完一件事情，要比力求完美而没有完成好得多！完成永远比完美更重要。

学习没有续航，你将失去什么？

当你好久不学习，突然之间再想像以往那样坐下来一学就是几个小时，难了。就像不恋爱久了，长时间一个人过，再想和人建立亲密就难了，难以适应，难以忍受……

这是因为长时间的感受脱节，让你丧失了本来已经拥有的掌握能力。

原来，你今天能轻轻松松学习几个小时的能力，是多年来连续学习好不容易建立起来的习惯，所以，千万不要不懂得珍惜，不要率性地说放弃就放弃。

有人工作了以后才发现学习的好，并不是真的因为工作完全剥夺了学习时间，他们也有周末，也有夜晚；而是就算能够挤出来时间，他们也不能再像学生时代那样安心下来了，这个“安心”不是靠几次“冥想”、几次“正念”就能够找回来的！用进废退，坐下来一学就是几个小时的这种能力，不用就会退化。

所以，如果今天你尚拥有坐下来学几个小时的这种能力，要知道珍惜，要在拥有这种能力的时候，争取学习更多，更多地学习。因为他日重新建立这种学习能力，需要比你所想象的更多的努力。

一旦学习没有了续航，就不能像现在这样，一有时间就学，而是就算有时间，也只能是看着时间溜走，却学不进去。如今，成年人尤其是告别学校步入社会的成年人的学习越来越偏向于边角余料的修补，偏向于碎片肤浅信息的索取，一方面他们对学习有极度的渴望和需要，另一方面他们对学习又有着强烈的恐惧。学的东西稍微有一些困难，就没耐心了；学的东西稍微有一些深奥，就放弃了。在这种状态下，他们只能无奈地在短、平、快的知识导向上进行贪婪索取，以至于短知识、快阅读类知识产品在当前的文化市场上大行其道，这都是由于人们长时间的自我学习脱节，致使有系统、有深度的学习内容失去了续航而造成的。

如果当前的你尚能保有长期的、有续航的自主学习能力，请千万保持下去，这将会在潜移默化之中拉开你和他人的知识差距，而如果你已经失去了这种能力，难以长时间续航式学习，我希望这篇文章能够有助于你重新重视起这个问题，找到自己的解决办法。

当你真正想学习的时候，是不用到处去挖各种方法的，你用着最自如舒适的方法对你来说就是最好的办法。因为如果学习真有什么实质上“有趣”的方式，真的难以想象，你是要有多愚蠢才在这长达十几年的学习过程中没有发现？

每个人的学习体验和学习方式都是独一无二的，相信并追随自己的内心感受，让自己按照适合自己的方法长期处在自主学习、深度学习和有效学习的续航之下，你的学习方式就会自成一格，简单高效。

监控你自己的学习状态

你要学会监控你自己的学习状态。人生而有惰性，这无可厚非。当我们觉察到自己开始逃避学习的时候，要立刻做出补救措施，方能不让消极情绪蔓延，实现有效学习。比如当我们发现自己逐渐陷入了学习瓶颈的状况，学习同样难度、同样数量的知识内容，开始觉得艰深难懂，开始走神瞎想抛下当前学习的时光会是多么美妙，注意力开始转移，想到书架上还有好多闲书没有阅读，于是你翻开一本又一本计划之外的闲书，看得越来越入迷，闲书总是有这样的本事的，它总能轻易地让我们抛开困难的念头，一头扎进放松心情、没有压力的情境里。再加之你还会安慰自己无论读什么书都是在读书，哪怕是些打发时间的漫画小说，不也是书吗？没有什么不合时宜的说法，就这样，你一步步地偷换概念，逃避最初的学习困难。再之后，你可能还发现亲自手洗衣服触感更好，于是热爱上了劳动，热爱打扫卫生，你会有各式各样的理由。慢慢地，越来越多的与初始学习计划毫无瓜葛的事情，就这样侵入了你本打算专注于学习的时间里，整个人逐渐沉浸在另一派与学习无关的成就感当中。你不承认，可你知道，这就是逃避，逃避你遇到的那难缠的学习困难。

犒赏机制，是另一种形式的逃避行为

摆脱了畏难情绪的你开始学习了，发现学习原来也没有那么难。“哇，原来这看似困难的东西，只要真学了其实也不难啊！怎么样，今天是不是应该奖励自己？应该！”你试图用犒赏自己的方式保持学习的热情。于是，你去超市买提子、香蕉“犒劳”自己。紧接着在享受食物的过程中，你又开始想“不能这样浪费了食物”，于是享受里配上了电影……学习的意识就这样被带跑了。这是另外一种逃避，是潜意识里惧怕学习而变相出来的逃避！

没发现吗，那些从小就一天坐在教室里面学习的小孩儿，哪里想得到“学完了要犒劳自己”？没有，你自己不就是这样过来的吗？不也是和大多数人一样，坐在教室里学习，该上课上课，该写作业写作业，从小学坐到初中、高中，不是也照样学了十几年吗？哪里有想过学到了一点之后，要建立“犒劳机制”？

很明显，当你长时间不再从事像初中、高中那样成天学习的活动，你的学习能力就退化了。所以，成年人想要学习的时候，会急不可耐地询问有没有什么有趣的方法，有没有什么高效的方法。很讽刺，这些问题都是成年人问的，而你要做的，是改变它！

当你下定决心不再逃避，试图让躁动的心安静下来，你尝试了各种方法，正念、冥想、柳歇耶夫时间记录管理法……可总是进展寥寥。逃避，一旦开始，就总是难以结束。

从一开始就有意识地监控自己的学习状态，实时帮助自己监控这些潜藏在大脑中影响我们学习效率的“异端”，当懒惰、潜意识中的畏难、逃避借口萌发伊始，就要在监控中将它们扼杀，避免让它们生根发芽。

普遍状况下，有一种学习模式是这样的，它认为我们学不进去一定是方法不当、学习方式不高效……有诸多的理由来让我们责怪。当我们看到这么多边边角角的理由，于是我们会真的相信是自己方法不对，无奈接受自己真的学不好的“事实”。再深挖一点，其实你不是真相信自己学不好，而是害怕学习、知道要吃很多苦，于是就“心甘情愿”地停留在“我学不好”的层面。

我们宁愿相信自己“学不好”是事实，也不敢面对“其实我内在里还是有一丝信念相信自己学得好，只是我害怕吃苦，我不努力”的真正事实。

为什么不能正视这样的事实，即我们已经不具备像初中、高中那样一坐就是几个小时的能力？这种能力，有的人到了大学还在继续保持，有的人因为高考“解放”然后迅速地放弃了，于是这种能力也跟着退化了。所以，那些目前还具备这种能力的人，我极为心痛地建议你不要过早地放弃。

就算你没有正式的内容要学习，也尽量每天去学一点有难度的东西，这样就可以把这种能力延续下去，等到有一天你需要学习正式的东西时，就不会挣扎。这是我对学习者最由衷的忠告。

你要知道，学习的续航能力才是支撑你学习效率的最重要原因。这种能力想要找回来，是很难的，但也不是不可能，只是比你想象中难得多，需要付出更多的成本。

如何培养学习的续航能力？

对于长时间不学习的人，一下子让他坐下来学上几个小时是很难的。那么第一步，最重要的不是能不能学习东西，能不能学进去东西，能不能有所收获，而是能不能建立起坐下来的能力。

我有两种方法：

▼

第一种：固定时间学习法

这个方法是我在一本有关写作练习的书中看到的，是说如果你想写作，第一步就是训练出一种能力，让你能够毫不费力地就写上几千字。具体做法就是每天早上起来，第一件事就是在电脑屏幕上，不管写什么，就算抄写也行，先毫不费力地敲出一定的字数。

比如你今天毫不费力就能敲出1000字，那么再在这个基础上多敲上20%，明天再在这个基础上加上20%……每天如此，直到有一天你能毫不费力地就敲出原来字数的三倍、四倍，比如你一坐下来就能毫不费力地敲出3000字。

这方法让我印象深刻。可对现代人来说，唯一的难处就在于这个方法一点也不符合现代人急功近利、想要立竿见影看到收获的特点。因为你想一坐下来就能学到东西，你想在屏幕上一写东西就有意义，因为我们已经习惯了凡事“高效”、有效用，做什么都求急切地变现、让它有用。

上面的这种练习方法，对我们有什么用呢？每天去抄上千字有什么意义？难道就为了建立一种习惯要浪费这么多天时间？难道就为了让自己能在以后一坐下来就毫不费力输出比原来多两三倍的文字？——当你有太多疑问的时候，你总是不会轻易去做。

学习就是这样，方法万万种，实践几几人。如果你真的想静下心来好好学习，如果你并不想急功近利而是想要目光长远，那我建议的这个方法是真的可以恢复你的“学习续航元气”的。

首先，早上起来第一件事就开始学习，学什么不重要，能不能学进去也不重要，重要的是能够锻炼你毫不费力地坐下来学习的能力。

先坐下来，然后给自己计时。没关系的，如果你毫不费力第一次学了半个小时就想干别的事情，那么请你再坚持20%的时间。注意一切披着“华丽”外衣的逃避幌子，比如你要去干“正事”。如果真有“正事”，那么就请你明天早上在这个“正事”之前多预留一点儿练习时间。

你要学稍微难一点的、需要动脑的东西，学那些平时不敢学的、心理上认为有难度的东西，直到有一天你毫不费力地就能坐下来学上一个小时或者更多。这个方法是可行的。年轻人，坚持下去。

▼

第二种方法：精简版固定时间学习法——约定时间学习法

这个方法是固定时间学习法的变体，运用起来稍微简单、灵活一些。具体的操作只是一句话：每天有一个专属于学习的时间段，在这个时间里面，你可以不学习，但也不能做别的事情。这一学习时间段可不固定在某一具体时间内，而是根据当天的工作安排而调整，随时和自己约定。

这个方法妙就妙在既然约定，就是自己对自己承诺，在约定时间里，承诺不做除学习计划之外的别的事情。如果你不想学习，那就坐着好了，不要听音乐（你以为这样可以舒缓压力），不要做运动，不要想花里胡哨的东西来“让你进入学习状态”。只是坐着，你不想学可以不学，但你也不能做别的事情，于是，剩下的选择自然而然地就是学习了。潜意识会慢慢习惯这种状态，慢慢地你在无聊闲着的时候也就会不自觉地开始学习了。

这一方法是经过无数人的逆向检验而提出的。想想看，大学课堂里面，发现教授讲得无聊了，于是我们会去找各种各样的“自我学习”方式来弥补这段时间——让它有用，教授讲得无聊吧？于是你自学，开始的时候上着老师的课私底下自己看书，后来发现看书无聊，放松了就逐渐玩手机……于是你发现课堂上有越来越多的人在玩手机。

没有人蠢到以为上课不是去学习知识的，没有人蠢到以为上课就是去睡觉的，恰恰相反，大家都知道时间应该珍惜，都知道上课是为了去学习，可就是不知不觉地演化出越来越多上课睡觉、玩手机、逃课的现象……是他们不知道珍惜时间吗？

不，恰恰是他们认为时间很值得珍惜，所以一发现教授讲得不好了、听不懂了，于是就开始想方设法去充实、充分利用自己的时间。只是这种做法让他们事与愿违，错得越来越远。

试着实践上面这个方法吧，学不进去可以不学，不想学也可以不学，完全可以，但是在专属的这段学习时间内，你也不能做别的与学习无关的事情。于是你会慢慢发现：不想学可以不学，但是当你想学习的时候，学习就成了一件自然而然的事情，没人逼你。

你要有耐心，年轻人
这个方法十足有效果
不要有太多疑问
你要自己去实践

为什么学习对一些人来说轻而易举？

最近关注我的人有点多了，让我觉得讲些发自内心的话，实在不方便。我明明想说某一样东西不好，但还是要顾忌多方面人的感受，不得已说一些“缓和”的话。我不喜欢这种“中和”，少了以前的那种直来直往的肆意表达，让我觉得不舒服。

今天我讲讲自己最真实的想法，关于学习和成绩的问题，我的回答是：我就是相信是智商的关系。重要的还有后面这句：可是，So what?

关于智商的那些事

No.1，我永远无法解释我是多么讨厌政治课，但是在初中的时候，我的政治成绩却经常可以考得全校出名。我是很不爱学的，在课堂上不服气老师说的话，常投以不羁的鄙夷之情。

No.2，别人永远无法解释为什么我高中英语学得那么轻松，每次分数都可以进入班级前一二，常年不低于九十分（百分计）。

今天，你换换语境，感受不是一样的吗？当你学习努力了、拼了，最后从别人的“轻松”表现那里获得相对性的反馈：“我智商真的不高吗？”当这个念头一起，我们的大脑是热情的，总是可以找到很多证据来证实你的疑问，最后你终于如愿以偿地相信：“我的智商真的不够高。”

“你思想有问题”这句话是我的老师无意中给我的，即便我不认同，它好歹也伤害了我多年；而“我的智商真的不够高”这句话是你自己“求证”得知的，貌似比我还危险，因为你是发自内心地承认。也许你这个自我得出的结论不能让你一时“受到强烈的刺激和触动”，但是它能够潜移默化地影响你多年，每当丧气的时候你有意无意地把事件归罪于“智商原因”，这种原发性的自卑感会让你渐而沉沦。而一旦你对此深信不疑，那么，即便我告诉你再多的故事，让你远离对自我智商的怀疑，远离背后那种牵连而来的自我戕害，我们还是无法忽视更多的事实：因为智商确实存在，不然怎么会有爱因斯坦这样的天才？

但是年纪轻轻的你，还在高中就那么急迫地让自己相信智商不如人，那么快地就想让自己“低效的努力”得到心安理得的解释——我觉得这有很大的问题，因为你眼中看到的也许并不是实际意义的智商。这就是我要告诉你的小小真相：你认为那些“只上课却成绩很好”的人，也许他们真的不是“智商比你好”，真正的原因是——“也许比你更努力”，而这就是下面我要告诉你的事。

在题目的评论区里面我看到题主说，“我们是寄宿学校，室友什么时间干什么基本清楚，半夜刷题不会完全不被看到”，朋友，这么说来，你还可能犯了天真的毛病，不过这不怪你。

我前面说过，“别人无法理解我英语为什么学得那么轻松，分数依然居于班级前一二名”，我的确听过有同学夸我，真是学习语言的天才！我哈哈大笑，朋友，这只是你看得到的我。因为课堂上我不仅可以做到“只听讲，成绩却很好”，我还可以做到“即便不听讲，成绩依然很好”，甚至“我作业基本靠抄”也丝毫不影响我最后的成绩。如果你遇到类似的同学，要是他让你内心产生了极大的心理压力，我在此代表那个同学和我自己对你深表歉意。然后，你愿意听听我的辛酸吗？

在正式上高中之前，我就能够背完初中六册浙教版教材。对，是所有课本上的英文正文，这就是我在高中学英语“轻松的原因”。

初一下学期，有一次英语老师让我们“预习明天的学习内容”，可是第二天好像所有人都忘了这项“口头任务”，上课提问的时候没有一个回答得出来——我也不例外。那天从班长开始站起来、后来到课代表，半个班级的人站着低头擦汗，没有一个答得出来，直到我这里。

我也回答不出来她的问题，原因超级简单——因为我连问题都听不懂！对，这就是我那时候的水平，我能告诉你我六年级才开始“认真”学习英语吗？我能告诉你，当时的我看到别人能够完整背出字母表就觉得羡慕了吗？

她问了我一句：你昨天做预习了吗？

我：I DO.

她：那怎么回答不出来？

我真的在昨天“预习”了，那真是一件阴差阳错的事实，原因是晚上无聊，翻开课本看着不长，我居然把那篇课文背出来了，其实我根本就不知道有这项“口头任务”。我真的回答不出来，所以我就做了一件事——干脆把那篇课文背了出来。我记得开始背的时候，我还不断地在额头上抹汗，背完的时候，整个身子都已经凉快了；风从窗户吹进来，同学们听完了——真的听我背完了每一个“单词”，我不觉得他们是煎熬的——虽然我可能结结巴巴边背边回忆背了十多分钟，因为我做到了他们做不到的事情。背完，老师说了几句话就下课了，可这次的经历给了我极大的震撼。

我感受到了极大的兴奋，从那以后，我背完了初中课本的所有英文正文。我中考英语满分。

那你说我高中英语学得“轻松”吗？是呀，看起来是很轻松，你看到我每天和你在一起，我做什么你也知道，我“只上课成绩却很好”你也看到了，你就真的以为我比你聪明。这时，你那一点点努力的劲头就像泄了气的皮球——你让我说什么？你说我智商高还不是自己瞎猜吓唬自己的？你只努力了一朝一夕就想超过我，那我前三年的努力明明摆在那里，它同意吗？

所以，我说，你该努力就努力，努力到大学的时候，让大多数吃瓜群众达到误认为你智商高的地步——这才是你真正的“报仇”。

这就是关于“智商”，我要告诉你的故事。

对认真保持敬畏

很多人以为“认真”是一种态度，而我偏向于认为认真是一种能力。我曾经听说，技艺高超的雕刻大师更有能力去把握细节，所以在学习阶段，经常强调“注意细节”，但是意图上的善意，对于实际的操作只能是徒增烦恼情绪，因为你的能力还达不到“注意细节”的程度。就好像，一个普通人和一个侦探专家同时走进一个案发现场，你告诉普通人要“注意细节，细节存在证据”。可是，他看得到细节吗？而对于专家，“注意细节”已经是他自发的行为，因为他能够“注意细节”，那是能力问题。

所以，我想说，认真倒不必是刻意强调的状态，虽然认真有助于更好地学习。更核心关键的是：真的弄懂了。“懂了”才有认真的能力，不懂就去搞懂，这样你上课就能够做到“认真”——这种懂了之后的认真，是一种享受；这个时候，“认真”又能够促进你去懂得更多。“懂”和“认真”是相辅相成的两个状态环，是相互摇摆前进的杠杆，让你实现“正向循环”，缺一不可。

一万小时理论提出，学习可以分为学习区、恐慌区、舒适区。我不相信一堂课上所有人都是处在最合适的学习区，必然还是有人处在恐慌区和舒适区。那处在恐慌区的人干什么去了？他们不是应该有很多疑问吗？可是你看看我们的课堂，上完了课，真的有很多人“有问题”吗？一定有人处在恐慌区，每一堂课都有，并且人数不少，他们上完课一定存在很多搞不懂的问题，可是为什么只有很少的人去问别人或者老师呢？那问题去哪了呢？答案是被他们压抑下来了。

我就知道：懒、不好意思麻烦别人以及“害怕别人以为自己笨”害了他们，这就是学习路上的拦路虎。你不懂就应该想方设法去搞懂，不然你所谓的“认真”，就只能导致结果大打折扣。

只要是重点内容，多下一点功夫搞清楚，那也不能被认为是“钻牛角尖”。而在这点上，偏科的同学做得很好，因为他们能够为这些疑难而深究——这不就是偏科的同学喜欢做的吗？他们喜欢在“难题”上下功夫，做出来的时候他们真的很快乐。

做到真懂，老师讲的内容你就可以心领神会——这样你就可以做到不费劲的“认真”。我告诉你，在这种状态下，“认真”不能形容他们，更好的形容词是——“投入”。

我们都知道统筹兼顾是很难搞定的事情，前期尤其要偏向那些更考验能力的学科，这样即使在后期松懈，成绩也不会掉落，玩的就是一个高水平——“稳”。我常说，那是我的“王牌科目”；后期，你就可以集中精力去攻占那些考验“记忆”的学科。

关键的时候，你的这种“突飞猛进”，经常会把很多人吓得“目瞪口呆”，而那只是你战略性地收回自己的城堡。你的游刃有余全离不开战略的优越性。

养成长时间的摘抄记录习惯

有朋友跟我说，他总是觉得自己阅读时不够精细，可又非常想掌握书中内容。他最近在读《美的历程》，于是计划每天都要花一个小时做摘录。可是他以前也做过一些美句的摘录，但是发现好像作用不大，觉得这个方法使内容过于碎片化，对于素材积累和知识扩充并没有太大作用，于是又开始怀疑摘抄记录习惯能否对阅读、学习有所助益，越来越拿不定主意。他知道我一向有记笔记的习惯，所以想问问我的意见。我就跟他讲了我记笔记的整个经历。

我高中的时候读的是全日制寄宿高中，作息管制严格。

晚上10:30，全校熄灯；之后得忍受老师和值班学生的楼道巡查，直到半夜12点。我睡眠很少，总是要在12点之后才能睡着。

每每睡不着的时候，看窗外月明星稀，想到逢此良辰美景，不能把盈余的脑力以及富余的情感折兑成活力、热情投入早恋事业，而只能囿于这板寸床卧间，心思便局促难耐；思来想去，没办法，最后只能把这荡漾的春心统统写进笔记里了。进校月余，在充电小台灯的陪伴下，笔记相关活动就开始丰富我的夜生活。

我都记了些什么呢？

记我目睹之校园怪状，如隔壁班的男女生自习之后树下的暧昧，写同学暗恋的老师，我喜欢的女孩。凡是学习、生活中遇到的、想到的事情我都统统记在笔记里，不论是偶有所感的阅读心得，还是一日三餐的生活点滴。

这么记了一年，日记、心情笔记、小说、思考、想象……应有尽有。

这算第一阶段的笔记。少有摘抄，多是记录，形式上烦琐无序、混乱不堪。

高二的时候，我从一本书中看到了李敖的读书方法，当时跟朋友说的时候，我是引述给他的。现在，为了给正在读此书的你正宗的一手资料，我专门把当初的那本书又翻了出来，将影响过我的李敖老师的读书方法原汁原味地引用给你。李敖老师是这么说的：

我李敖看的书很少会忘掉，什么原因呢？方法好。什么方法？心狠手辣。剪刀美工刀全部用到，把书给分尸掉了，就是切开了。这一页我需要，这一段我需要，我把它按类别分开来。那背面有用怎么办呢？把它影印出来，或者一开始就买两本书，把两本书都切开以后整理出来，把要看的部分分类留存。结果一本书看完了，这本书也被分尸掉了。这就是我的看书方法。

那分类怎么分呢？我有很多自己做的夹子，夹子我写上字，把资料全部分类。一本书看完以后，全部进入我的夹子里面。我可以分出几千个类来，分得很细。好比说按照图书馆的分类，哲学类，宗教类；宗教类再分佛教类、道教类、天主教类。我李敖就分得更细了，天主教还可以分，神父算一类。神父还可以细分，神父同性恋就是一类，神父还俗又是一类。修女同性恋是一类，修女还俗这又是一类。

任何书里有关的内容都进入我的资料里来。进入干什么呢？当我要写小说的时候，需要这个资料，打开资料，只是写一下就好了。或者发生了一个什么事件，跟修女同性恋有关系，我要发表对新闻的感想，把新闻拿过来，再把我的资料打开，两个一合并，文章立刻就写出来了。

换句话说，这本书看完之后，被我大卸八块，五马分尸。

可是被我勾住了，这些资料我不凭记忆来记它，我凭细部的很耐心的功夫把它勾紧，放在资料夹子里。我的记忆力只要记住这些标题好了。标题是按照我的习惯来分的。基本上都翻译成英文字，用英文字母排出来，偶尔也有些中文的。

今天我把看家的本领告诉大家，李敖知道得那么多，博闻强记，记忆力那么好。我告诉大家，记忆力是可以训练的。记忆力一开始就是你不要偷懒，不要说躺在那里看书，看完了这本书还是干干净净的，整整齐齐的，这不对。看完了这本书，这本书就大卸八块，书进了资料夹，才算看完这本书。

今天我向大家特别亮一手，把如何看书的招儿告诉大家。不要以为这本书看完了，干干净净的新的算看过。那个不算看过，因为当时是看过，可是浪费了。你不能够有系统地扣住这些资料，跟资料挂钩。可是照我这个方法，可以把你看过的书，都把它的精华抓出来，扣在一起。这就是我的这种土法炼钢的治学方法。

有句话说：**子路有闻，未之能行，唯恐有闻**。

当时，读过李敖老师的方法，深以为然，很快就用来付诸了实践。杂志、课本和书都大卸八块。当时惨不忍睹，但事后看来，我认为这么做是值得的。李敖老师的方法也是可信的。

把剪下来的东西粘贴在笔记本里。**比起摘抄，这种方法的确**

更省时省力，就算是现在，我也依然用这个方法做读书简报，虽不适用于所有的情境，但在用之有效的范围内，效果还是非常明显的。

这是我摘抄记录的第二阶段，学了技巧，收获颇丰。

等到上了大学，学校图书馆藏书丰富，我开始埋首于图书馆，李敖先生的剪摘法就不合时宜了。但那个时候我也依然没有放弃摘抄记录的习惯，回归到了最简单的记录方式，一人一笔一本书，那两年我究竟做了多少摘抄笔记呢？无图无真相，就让我“秀”一下吧。

不够直观？《哥德尔、艾舍尔、巴赫》这本书厚吧？拿来当个厚度参照：

以上是纯粹的手写摘抄以及笔记。

这算是我做摘抄记录的第三个阶段，能在一定的技巧下，以量取胜。

而第四个阶段，就是现在了。伴随着多媒体技术的发展，我们的阅读载体也在不断地变更进化，笔记载体也自然相应地变成了由手机移动端担当了。QQ收藏、空间收藏、微信收藏文字、微信录音笔记收藏、印象笔记……越来越多的辅助软件应运而生，有些软件直接可以扫描变成文字，真让人目不暇接。甚至现在都可以不用动笔、不用动手，直接读出来进行语音摘抄了。想一下你在书上看一段文字，非常喜欢，现在可以不用复制粘贴，直接朗读出来，就能记录下来了，真是让人震惊。

说了这么多，也回顾了自己整个摘抄记录的变更历程，其用意是想以我本人的亲身经历，坦诚地向对摘抄记录抱以质疑的朋友们说一下，在学习工作中，做摘抄记录，给我带来了什么影响。

我总结出了以下几点，供您参考：

1.摘抄记录做多了，并不一定意味着你能写一手好字。我就是最典型的例子，十多年的摘抄记录并没有让我的字变好看，这点我很沮丧，以致我现在练字还需要专门对着字帖练习。

2.经常做摘抄记录工作，能让你和别人沟通的时候更加自如灵活，联想丰富。有时候，对方的思路跟不上你，你得停下来解释，成就感往往爆棚。

3.手工摘抄比较浪费时间，也阻碍阅读体验，但对记忆力训练往往更有助益。

4.好笔记是可以当作一本书来读的，尤其是笔记本里面不全是死板的摘抄，还有大量的自己思考的痕迹。别人在读别人的书，你却是读自己的“书”，当然很快乐。

也许你会问，读了那么多书都忘了有什么用？**我会去翻一翻自己的笔记，它们都在，这些笔记本让我踏实**。

你有什么相见恨晚的高效学习方法？

我们从小就被教育，学习就要认真听讲，题海战术，多记多背，等等。但这都是一些老套路，直觉式的学习方法，用起来总感觉效率不尽如人意。在经过岁月的洗礼后，你总会遇到一些相见恨晚的高效学习方法。本篇文章我们就来谈谈那些相见恨晚的高效学习方法。

所谓高效，就是破除了自然学习中某些难以逾越的困难点。这些困难点绝大多数学习者都曾遇到过并引发思考。比如，学习厌恶了怎么办，遇到瓶颈怎么办，怎样更充分地利用时间，怎样以更好的状态学习，又怎么突破一个人的学习局限性……这些问题，都是我们在学习过程中必须解决的问题。

那么在学习之前，我们首先要问：学习的要素是什么？

一、知识选择

面对信息海洋，在知识的选择上多费点努力并不会显得过分。

教材的学习，课本已经规定了你学习的任务。非教材类，我们可以运用伟大的二八法则。

我们阅读一本书，甚至一份资料，80%的学习效果同样也往往是来自20%的重要内容。想要达到高效，知识选择的重要性不言而喻。换句话说，如果看一本书需要五个小时，那么，你在这之前花不多于一个小时的时间来选取所要阅读的内容，我看也不算是过分。

这样做除了能挑选出属于重点的内容之外，还将获得一个意想不到的巨大心理优势，那就是十分安心。因为你相信自己，用一个小时所选择的学习价值，你学起来会更加安心、放心。有句话不是说吗，不值得的事情不值得做好。如此恰到好处地在选择上做出的努力，让你看到了，你所学习内容的价值所在，也就是说，值得的事情值得做好。

怎么挑选出重要内容呢？

1.如果是教材，那就是课程要求。明确自己知道什么、了解什么、能运用什么。

2.如果是一本书（非虚构类读物），最便利的方法是看书之前阅读别人的读书笔记。

根据别人的读书笔记、阅读缩写来进行阅读，我认为是新时代处理这些大批量畅销书的有效方法。看几篇别人不同的读书笔记，基本上就能够找到书中重点所在。对于容易理解的内容，我们不去看原书也不会失去什么，而对于重要的、难以理解的，或者是独特的以及作者感兴趣的东西，我们可以在笔记上圈圈点点后，返回到原书上阅读消化相关的片段。

通过这种方法，我们可以处理大量时兴的畅销书，而不必再感叹没有时间去阅读大部头了，何况很多畅销书作者从头到尾都在讲一个核心理论，还有些国外畅销书作家，把核心理论来个新包装，加量不加价又重新上市畅销。这样的书，就没有从头到尾原原本本读完的必要。

知识选择也容易去杂取精，找到自己更需要、更想要的知识和资料的范畴就可以了。

二、建立知识反馈机制

输入的最终目的是学以致用。

最理想的状态就是我学习了一个知识点，马上就能够做对一个题目，这叫现学现卖。现学现卖就是一个讲求及时反馈的学习机制，它能够从“点”上确认你的学习是否到位。如果能够建立“点”的对应反馈，我认为就是最高效的学习方式。

对于反馈的渴求，我想，在学习心理需求上，即便你做不到极致的变态，也要做到变态的认真。我知道你极致和变态都是做不到的，我这么强调只是想让你做剩下的事情——认真学习。

什么叫认真?

1.学习一门新的课程的时候，都力求对应知识点；学习一个新的知识点的时候，力求对其中重难点逐一进行课后反馈。

我反对依照目录一类的刻板僵化的顺序，从头到尾，根据预设好的顺序来学习。而换一种我所认可的做法是，当你遇到一个重难点，你去把对应的题目挑出来做。

我常常劝学生要培养这样一个好习惯：平时的作业试卷中，碰到错的题目、难的题目、重要的题目，把重点难点整理出来，归结到一个笔记本上。

熟能生巧，过一段时间之后，你练就了一双能够迅速挑出重难点的火眼金睛，能够把老师布置的作业，根据重难点分等级对待，也能够从汪洋大海的自备参考资料中，挑选出对接重难点的疑难试题。

这样无论是主观还是客观，相对还是绝对，你永远主要解决的就是具有你个人气质的核心问题。

2.完善学习的输入方式。

老生常谈的方式有这些：听课、阅读、演示、讨论……还有知识留存率挺高的实践。

据说目前学生最大的实践就是做题了。所以有教材必然要配备以相应参考资料和能建立反馈的习题集，让你即时“实践”。

有习题那就要做，不然何以谈高效？所谓高效不是该做的你跳过不做，该学的你绕过不学，而是该做的你做得到，该学的你学得到。

学习+实践+反馈，是一个完整的环。学习而没有实践，就得不到反馈，也就无从纠正。这种有头没尾的事情，就跟你看着大学教科书然后直接去考试一样，结果可想而知。

3.为求反馈有效，听课之前一定要预习。

老师的讲课质量是参差不齐的，所以你想要寻求高效，怎么可以死气沉沉乖乖地听呢？

就一般的老师而言，每一堂课，他讲的不会全是重难点，也不会全不是。即便他讲的全是重难点，也不会是针对你个人要解决的重难点。

那么对于这样的课，我们先不说一堂课我们平均有效注意力最多能持续25分钟，就算是45分钟里分分秒秒都盯着老师的瞳孔，你从老师那里所获得的“裨益”也实在值得商榷。

参加知识密度大的课，如果你不预习，不预先把一些信息处理掉，那么等到课堂上的时候，你就无法在这短时间内理解如此大的信息量。对于你这样课堂之前就如一张白纸的人而言，他所说的所有内容都是“重难点”。我们知道，理解不可能是即时的，理解需要时间延缓来消化。

如果有这个理解延滞，在下一波重难点来临之前，你还没有搞清楚上一个问题，那么这意味着，下一个重难点你将失之交臂。

一个人一堂课里面能够处理的重难点数量是有限的，所以课前你需要预习，将一些能够处理的重难点预先解决，能够保证你抓住在一堂课里信息处理范围内的重难点数量。

抓住重难点学习，你的注意力可以像大海波浪一样，有高潮，也有低潮，劳逸结合，有益身心健康，你做的从来不是一个亏本的买卖。做吧！

预习后的学习以重难点为核心，在学习上建立实践和反馈，这样，一个学习的循环就完成了。

那么下一个循环呢？你还会继续吗？

三、让学习变成一种习惯

一件事情能够让我继续去做的，要么是因为它不快乐，而我却想尝试在痛苦中感受到的刺激；要么就是因为它快乐，引起我的荷尔蒙骚动，我会主动去学。我想就一般人而言，学习这件事情本身并不具备使人欲罢不能的特性。所以退而求其次的是，把学习当作职业化或工作化的观点的泛化，当然最温和的是，“我们要让学习变成一种习惯”的美好想法。

学习是一件涉及体力和脑力的劳动，凡劳动都无法避免“疲劳”和“累”的体验。

什么事情让我们产生疲劳和累这种体验，我们就会顺带殃及池鱼地讨厌事情本身。学习是我们常做的事情，它仿佛就是“疲劳”和“累”的宿主，我们经常会被感染。如果观念上处理不好，我们就会讨厌学习这件事。

理论上，你一天的高效学习已经接近极限了，这只不过是高效学习的余温而已，所谓的高效更可能是感觉上的高效，再继续进行下去只会让热情从峰值递减。如果你在对学习感到糟糕的时候结束一天的学习，我想说，你真是愚蠢，总是竭尽全力地消耗完自己。你的确是拼命学到乏力的程度了，没错，确实可以承认你真的很拼、很努力。如果学习只是一次性交易的话，你这种努力就值得嘉奖；可惜，学习是一个长期的过程。每一次，当你学到无力时才恋恋不舍地结束，你用“精疲力竭”给一天的学习画上了句号，很令人感动。但是，你可知道，你每一天学习的最后体验点就是“累”！今天你是通过竭尽全力的方式学到很多东西，可是，当明天来临的时候，你对于今天关于学习的最后印象只会是“累”。后天、大后天……每一天都以“累”的感觉为结尾——那么这个“累”就是你带给每一个“明天”的学习痛苦感。这种“累”的感觉会累积变浓，因为每一天关于学习最后的那个感觉都会留下来，积累在你的潜意识情绪认知里面。你因为一次次过度学习，从而导致了一次次对学习的厌恶感的积累——得不偿失！

我称在一次学习中以热情快乐为结束的做法为保留学习快乐的尾巴。

每一个“尾巴”都是快乐的，像学习这种内容平淡、情节无关曲折的事情，长久埋藏在我们心底，它唤不起具体的事件记忆，而只是一种说不清道不明的感觉。如若每一个尾巴留存给我们的都是愉悦感，而由于人对一件事情记忆的突出重点是在开头和末尾，那么所有愉悦尾巴衔接起来，我们对学习建立起的感觉就不是一个讨厌的情绪。

在学习的所有非形而上的习惯中，学会给学习戛然而止地留一个快乐的尾巴，这一点最为重要，因为它解决的是我们长时间对学习的感情问题。

学习习惯建立了，下一个遇到的令我们困惑的问题，就是学习效果的问题：遇到瓶颈了怎么办？

四、如何应对学习瓶颈期

入门时显而易见的提高令我们欣喜不已，而瓶颈时的止步不前又令我们脑伤严重。学习瓶颈——这是一个非常常见的实际问题，与此相伴的是它往往会产生许多心理问题。

这些相伴而生的心理障碍让这个学习瓶颈期问题变得更加严重，因为它考验的是自我怀疑的能力，是自我摧毁信心的能力——第一个阶段的瓶颈是学习过程的实质性具体障碍，但也是学生第一次在信心上大面积考虑惧难卷逃的诱因。

大部分人就被这样筛选出去，不然怎么对得起学习的具体难度本身呢！连心理难度都没有超越过去，又怎么对得起那些实际超越者的努力价值？强者，就得通过相对弱者来体现。

如果你能够认识到心理问题是一个常生的过程，伴随每个阶段都会出现，那么你就能够想到，有些心理问题的解决，其价值只是为了引出下一个心理问题，也许你就能够想到，它或许不必解决。如果有这等领悟，你会发现，实际存在的问题比一箩筐的心理接棒赛跑问题，具体好解决得多。

在学习上遇到瓶颈，专于实际的解决思路，我看只有一条路可走，那就是蒙头继续。用非机械论的方式来说，当你学习看不到效果的时候，那是因为你的心理产生了恐慌。

学习与学习效果之间，不是线性过程。因此在学习过程中，有段时间陷入迷雾，看不清方向，看不到效果，是正常的。出于理性，我们可以选择性地漠视心理的恐慌。就像一个小孩子，看不到妈妈就哭。他一哭，你的主要精力不应是一味地去安慰他，叫他别哭别哭，而是应该快点找到他的妈妈，这是最高效的解决方法，因为你一下找到的是这个问题的本质。

找到本质，才能避免事倍功半。

同样地，当你遭遇学习瓶颈期的问题时，为了避免学习溃败，你所需要做的也就是尽快找到问题的本质，围绕本质这一核心，找到解决方法。

首先，最根本的，还得回归问题本身，因此如果问题本身得不到解决，那么我们的心血就会无疾而终，这是一个心理学上的“信心”解决不了的问题。简单的问题，我们可以通过书本、网络获得答案；更难点的问题，我们可以问询相关领域的牛人，听听他人的意见，在百度、微博提问和知乎问答发展得如火如荼的今天，你是不难联系上这些人的；而最后剩下那些实在难以解决的问题，需要做的就是不要钻牛角尖，放弃有时候会是一种最优解。

一般来说，以上三种方式都是一般人理想的解决方式。

不理想的是，凡是需要通过第二人际关系去解决的问题，我们都不会“冒险”去解决。

千万不要不把人际关系当回事，别说人际关系影响不到你的学习，当你需要透过人际关系去解决学习问题的时候，人际关系反而是影响你学习的瓶颈。

很多人碍于情面，碍于个人对人际交往的厌恶，不好意思去找同学帮忙。找多了双方都烦，何况对方不一定有水平，你去问一个问题，他热情地解了半天解决不了，反倒会因为情面和热情耗费了大家的时间。去问老师，时间一长你也不好意思，人都是脸薄的动物。所以，“请教”这种事情，怎么做都不是划算的买卖。限于以上的原因，很多人能够解决的问题就是限于本身能解决的问题——你就是你的局限——只要你学习一段时间，局限性就出现了。

你自身的学习，就是你一个人能够解决的简单问题的集合，如果这些问题你还需要通过网络、参考书来解决，那么你的层次也就只是——这些网络能够解决，以及参考书能够解决的问题的层次水平了。如果你个人学习感到费劲，还要借助网络甚至参考书，那么你能够达到的层次也就是网络或者是参考书的深入水平。而更高级的问题你解决不了，变化性更多的问题你也解决不了。不是因为你不够聪明，而是你当前的学习方式只能达到这样的水平。

我们都是这样的，不是吗？在平常状态下，我们都是一个人在学习。这是很让人遗憾的，很多人学习十几年，还是突破不了一个人的局限。无论你如何高效，你还是突破不了一个人的自身局限。而两个人学习就不一样了。

当一个问题你理解不了，做不成，需要麻烦到第二个人的时候，那意味着不是一个简单的事情，这种问题的理解和消化是需要时间的。但是如果搞懂了，你理解起来就不需要那么多的时间，或许一点就通。

一个人的精力有限，我无奈的做法是我只能在A系列纵深，在B系列无奈。你的精力也有限，你也只能在B系列深入，在A系列无精打采。社会就是这样一个个你你我我，有特色，但都是相对而言，上限都朴实而平均。但如果说A和B是一件事情的两个方面，而两个人选择合作，我的困惑你能解，你的疑难我有话说，那么这就是1+1＞2的高效。

我不会说这样的高效做法很简单，更不会说只要两个人手牵手就是高效学习。因为这两个人要建立学习上的同理心，更要明白为什么要这样做。致密的合作学习，是突破个人能力的“高效学习”。

祝愿你一个人的时候高效，祝愿你两个人的时候可以形成致密高效！

第三章

在阅读中优化每一次学习体验

如果只有你一个人了，那么你一个人也必须专注，在此过程中，你的心态会慢慢改变，一个新的心态认识旧的世界当然会产生不适感，而能够改变这一点的，只有加快专注改变的速度，最终蜕变到另一个世界去；或者你选择容忍，慢速成长，慢慢煎熬，这种情况下，只能忠告于你：既然已经选择严于律己的成长，就要背负着宽以待人的责任。

让阅读成为日常生活中的一部分

有朋友问我，我不算特别爱看书，也不是爱书发烧友的类型，但是对短篇小小说、散文之类的很感兴趣，一般就只喜欢看阅读量在15分钟内能读完的作品。现在我想静下来看完一本中篇小说，总是看了十几分钟后就坚持不下去了，总喜欢干点别的事，下次再回来看的时候又觉得没意思，想看别的书。怎么才能让自己像看散文一样轻松地看完一本厚厚的书呢？

我想了想，以我自己为例，最近一段时间白天没有长段时间，所以会熬夜读普鲁斯特的《追忆似水年华》，这可是部砖头书，断断续续地读了有一两个月了。看这书不是为了装文化人，大半夜的，孑然一身，装也没人看啊。是它真好看，如果有一本书非要让我跪下来阅读，我愿意为《追忆》网购双层加厚护膝，这是题外话，但是我由衷地想要把这本书推荐给你。

看书的时候，我有个不自觉的习惯，一旦进入阅读状态，随着阅读情绪的高涨，就容易爆粗口。这种缺点和看书这种高雅的活动产生这么牵强的关联，也真让我很尴尬了。

在我看书的时候，它们会不知不觉地从嘴缝里嗞嗞冒出来，也挺让我不好意思的，常常让旁人以为我有暴力倾向……这些骂腔词汇似乎已经成为了一种我的阅读反射弧，深深嵌入我的生命里，内容一好就可能会再次触发。

不自觉中，我在书香氛围里没有被熏陶出谦谦君子般的温良，倒是几何级助长了恶劣的禀性，乖戾之气可见一斑。

而我爆粗口的原因仅仅是因为书中的内容描写得太好，以至于溢美之情，无以言表！

偶有意识到这一问题，总会感到惭愧，每每想要改变这一拿不上台面的习惯就会告诉自己深呼吸，心里还不停念叨“哎呀哎呀！太好了！”……这种状态在我独处时没什么，但要是在有好事旁人的环境里，一旦让我察觉到谁对我刚刚的表现有那么一点儿的不快，我的情绪就很不耐烦，急切想求求那人也来读读这本书，有一种简单又粗暴的强烈分享欲。

我说的这本书就是《追忆似水年华》，我现在依然还在阅读它，这样的书，真庆幸我在不晚的年纪里就能喜欢，也渴望能与志同道合的朋友分享感受。我是真爱它。我画的下画线，画了一处又一处，勾勾点点，满书“疮痍”，只是遗憾没有人能在彼时彼刻一同感受同频的愉悦；读到高兴的时候，我感叹书太好，感叹虽然厚，但还是害怕读完；精妙的描写能触发我的不雅之词，我拍着大腿，我握紧拳头擂胸，就像所支持的球队进了首球，无法冷静。

如何阅读一本厚厚的书呢？

首先，需要你去找一本你真正感兴趣的好书，或是你想看的书。对于这样的书，你不会嫌弃它有多厚，你会矫情地舍不得读完它。

另外我们还要关注的问题是，我们静不下心来读书，是不是因为内心里真觉得看这类非商业书是在浪费时间呢？我们的阅读是否过于功利呢？如果你经常有类似的问题，那就应该缓一缓，不要强行让自己静下来去看书，而要去做那件真能让你安心的事情，让你自己感受更广阔的天地。

真的能做到每天读一本书吗？

你需要快速阅读。

以前我对快速阅读方法是将信将疑，因为那时候我更加相信：一本需要快速阅读的书不是一本值得读的书。可能是因为自己的阅读速度一直很慢，以至于看到这种话的时候就觉得十分契合自己的惰性，因而更加确信这句话，并且坚持自己一贯的慢速阅读习惯；可看到越来越多的人说快速阅读，心里还是纳闷，我才想啊，也许那句话说的不是客观实际，而只是给弱者的安慰剂呢。

后来看过有关快速阅读的一些介绍之后，我打算试一试。而试过之后，凭借自己的亲身实践，我必须坦言：这方法，卓有成效。虽然最开始的时候对阅读内容看似什么都没有理解，但后来慢慢地发现自己的理解能力因这一方法飞速成长。

我把它叫作“指读法”。“指读法”的具体操作是怎样的呢？为了便于操作，我已经将其简化得非常简单，现在分享给你。

第一步——明确知道自己目前的阅读速度

1.选一页，计算平均每行字数a。

2.选五页，计算平均每页行数b。

3.以平常阅读速度，读五页用时c。

目前阅读速度=5ab/c

第二步——跟踪和定速

工具：笔。

笔不仅是一个追踪器，而且还是定速器，能帮助维持恒定的速度，同时还能缩短注视时间。

1.手握笔，在每一行下面画线，眼睛紧盯笔尖上方。不要担心理解的问题。每行最多读1秒钟。练习3分钟。

2.重复练习上面的技巧，现在每行读不超过半秒。有的人最开始可能什么都没看懂、看清或者感觉自己什么都没有记住，这是很自然的。练习3分钟，循环往复此过程，数次实践之后，你的生理机制和潜意识就会适应这种状态了。

3.保持速度——现在是在调整感知反应，这个速度练习旨在帮助你的系统适应快速阅读。不要减速，保持每行半秒，读3分钟。

第三步——扩大感知范围

1.用笔追踪并定速，保持每行1秒的速度。每行开头和结尾都跳过一个字。暂时不需要担心理解的问题。进行1分钟。

2.用笔追踪并定速，保持每行1秒的速度。每行开头和结尾都跳过两个字。进行1分钟。

3.用笔追踪并定速，保持每行1秒的速度。每行开头和结尾都跳过三个字。进行1分钟。

之所以进行这一步骤是因为，如果我们以电脑屏幕阅读为例，当我们盯着显示器的中心（相对于视网膜中央位置的注视区域），你仍然感知得到屏幕的四边。未经训练的人阅读的时候视线从第一个字移动到最后一个字，1/2的边缘视线放在了页边上，这样25%~50%的时间都浪费在一个字都没有的空白上了（比如纸张四周的边沿空白处）。假设有一行字："从前，学生每天用4小时快乐阅读。"如果你能从"学"开始读，到"4"结束，那么14个字就少读了8个，阅读速度加快一倍还多。训练之后边缘视线就能够把其余的8个字收进来了。

第四步——计算新的阅读速度

利用以上新的阅读方法重新计算你的阅读速度。

任何一个技能都不是一次训练就可以全部掌握的，经过20轮练习之后，在此阅读速度基础上，你的理解能力就慢慢跟上去了。

最后，如果是为了学习，就不要试图用读一篇文章的时间读三篇不同的文章。应该把一篇文章读三遍。

我当初训练的时候不觉得这个方法可行，那我就告诉自己：还是用这种速度，即便一篇文章因为看得太快导致理解跟不上，那我就重复三遍好了。

这个方法我坚持了下来，我推荐给你。

高效阅读计划——提高效率

本文只针对非小说类文本阅读而言。

关键词：复读法、笔记法、研读、费曼技巧、文纲、成文

一、首先选书，选择你所需要的书籍。

二、面对一本书，该怎么读?

基本阅读观：一本书应该读两遍，而且只读两遍。好书读一遍不可能掌握精要，第一遍你只能跟着作者思路走，反过来说如果一遍就够了，那这本书也不值得研读。但是再好也没必要读三遍。两遍正好。而且最有效率的办法是读完一遍马上再读一遍。

这里，我提供以下两种高效阅读方法。

第一种——“复读法”

●思想类书籍：思想强度4星以上（按5星算）

这里的“复”指的是二次阅读的意思。阅读过程分两步。

1.粗读：第一遍是正常通读，只要放松地欣赏作者的精妙思想和有趣故事即可。不要追求读得快，值得时不时停下来思考一下的书才是好书。

2.重（zhòng）读：在读第二遍的同时写下读书笔记。读书笔记的一个重大作用是给自己日后以最快速度重温这本书提供方便，直接看笔记就可以。还有别的好书等着我们去读呢，所以笔记最好要写到可以取代原书的程度。

●非思想类书籍：思想强度2~3星

这种书的思想逻辑性不强，但会有一些亮点或是干货。

阅读过程分两步。

1.粗读：第一遍快速浏览，扫读。所要做的就是大致标记感兴趣的地方、有亮点的地方。此类书籍，实质内容一般只占30%左右，一字一句阅读是愚蠢的。

2.重读：第二遍可以细读第一遍标出来的地方。

第二种——“笔记法”

本方法完全来源于个人实践，亲测有效。

阅读过程分为三步。

1.网上寻找该书相关阅读笔记（非书评，找那种有章节脉络逻辑的）。比对各篇阅读笔记，取记录最全的一篇。

2.通览阅读笔记。第一遍通览全文，对全书有大概的印象。

3.参照笔记阅读。对于感兴趣的地方，仔细阅读，对不感兴趣的地方以笔记代阅读，并且根据自己的阅读体验对所参照的笔记有所增删，形成个人专属读书笔记。

这个方法的好处在于可以“节省阅读时间又不失重点”，可以“快速形成个人笔记”。

按照思想强度选择以上的其中一种方法，完成这一步后，对于一本书70%~80%的理解应该有了。当然，还有一些20%~30%的重难点。

学会使用这两种方法进行阅读，对于绝大多数的人已经算是高效阅读了。第一种在阅读知识吸收上可以打败全国80%的漫游阅读者，第二种在时间和效率上可以打败全国85%的自由阅读者。长此以往的坚持一定可以使你变得越来越优秀。

但是，这两种方法也有相应的弊端，主要局限在于过于强调知识覆盖面，对知识深层次挖掘过于浅尝辄止。如果你想变得更加有深度，那么在完成知识覆盖面的积累之后，就要进入深入研习的阶段了。

三、深入研习

深入研习第一步：对需要学习的内容有个大致印象。

比较好的方法是，阅读时只偶尔做做笔记，或在读过的每个主要章节后写一段总结。

知识只有经过研习才能进入大脑。当我们完成初步阅读任务后，会出现一些薄弱地带，包括：模糊的概念、概念之间的关系等。因此，在此基础上，我们还要提取出重难点的“关键词”“关键概念”，进一步研读。

深入研习第二步：研读。

这一阶段主要有三个方向。

深度拓展：知识的背景探究。虽然这需要很多探索，但它可能是牢牢锁定知识的最佳方法。

横向拓展：在知识周围建立联系。通常意味着你要建立模型，在模型与原知识之间建立联系。

纵向拓展：运用得当，其速度要比深度拓展中探究知识的背景快得多。

当然，你在研读的时候难免会出现理解困难的现象，因为研究的东西本身难度就增加了。

理解不好的表现如下。

●你虽然在读书，但是不知道作者到底说的是什么。

●笔记记得很清晰、完美，但是你却不明白什么意思。

阅读过程中要明白字面上的意思并不需要什么魔法，但往往在理解过程中容易让人犯难。我的建议是如果理解有困难，不如寻找写得更好、解释更清楚的通俗入门类材料阅读，也就是字面上的意思搞清楚了以后才能发挥作用。就像我认为看不懂理工类的书不是你的理解有问题，而是书本选择有问题。有些书多数内容实质上就类似于产品说明书，说明书看不懂只能怪你选择的说明书过于强调理论或逻辑，对于细节描写不够形象具体，不能让你根据文字如实地联系到实物，不能满足你当前的阅读需要。所以，通俗入门类的普及读本才在市场上显得尤为重要。

此外，在当前的阅读情境中，即使遇到了你觉得无法理解的一段话，也不必太忧虑。因为我发现，这很少成为影响阅读的主要问题。当你遇到不能理解的问题时，你可以放慢阅读速度，寻找不同的说法。一般我遇到新概念新思想时，在完全理解前总会耽误很长时间，我的强项在于一旦有了点初步的理解，就能迅速抓住它，并且快速地让其成长，直至能轻松地运用它。

四、阅读与费曼技巧

如果我们已经历了以上阶段，那如何检验我们是否理解研究的内容呢？

回答是：**费曼技巧**（The Feynman Technique）

在阅读中如何使用费曼技巧呢？

1.阐述：在学习的过程中挑出重点，依据自己的原有知识储备对其进行阐述并记录。

2.校对：把自己的阐述和资料进行比对，了解不一样的地方，分析、判断、完善自己的想法和理解。

3.重复：对于重要的资料反复阐述、对比，达到自己能深刻理解的程度。

五、巩固阅读成果

为了更好地巩固阅读成果并进一步激发你继续学习的动力，我建议你写一篇关于读书成果的报告，主要包括以下内容。

1.“文纲”。根据笔记以及自己的理解，寻找一个主题，比如在知乎上寻找相关主题的问题，草拟一篇文章的大纲。

2.收集辅助资料，补充文章细节。

3.修改“成文”。

至于为什么要建议你写读书成果报告来巩固阅读成果，主要是因为有以下几点好处。

◆ 获得反馈，进行良性循环。

◆ 文章可以作为发表在知乎上面的答案，或许可以引起他人的共鸣，又或许能引发别人的讨论，在讨论中实现求同存异、共同成长。

◆ “一次表达，无数次阅读”“行之成文极大地增强了话语的复用性”。

◆ 无地域限制，整个互联网上从A到B只有一个点击的距离，在结交志同道合的朋友方面的潜力要远胜于原始的交谈方式。即便不打照面，也可以心照不宣；即便素未谋面也能坐下来，两个互联网终端就能聊得热火朝天。

◆一个有价值的知乎账号是一份很好的简历。这里的“简历”并非是狭义上的求职简历，而是指一个让别人了解自己的窗口。至少你会因此而结识更多的人，你越来越厉害，结识的人也越来越厉害，跟厉害的人交流又会让你的眼界得到极大的开拓，打开一扇又一扇你原本不知道的门，于是你就变得更厉害。

◆在开始写你的文章之前，我想你一定会感到担忧，我知道很多人不写是因为觉得没有什么可写的。其实这是一个思维怪圈，你越是不开始写，总是拿有限的思维缓存去默想一个问题，就越是觉得没有内容可以写。为了打破这个怪圈，你就越应该让自己努力去尝试，努力地将自己一些不成熟的想法写下来，看着自己写的内容，试着进一步拓展它们，就越有可能在理性的道路上走得很远很远。因为机会从来都是留给有准备的人的。

最后，推荐几本我认为在如何提高读书效率这个问题上能给人带来启发和共鸣的书目吧，它们分别是：

1.《暗时间》（刘未鹏）

2.《万万没想到》（万维纲）

3.《把时间当作朋友》（李笑来）

高效阅读计划——培养耐心

为什么我书读得越多，越看不起周围的人？

前不久我收到一个邀请回答的问题，提问者是这么说的：“我大二，从大一起开始认真读一些书。读了一些书之后，感觉与周围的同学格格不入，与他们谈不到一起，觉得他们很俗。有时候看着他们的所作所为觉得很可笑。我该怎么面对？问题是出在我自己身上吗？越来越觉得与他们交往有点浪费时间，但是自己又觉得不应该姿态摆得太高，现在有时候都是自己独自一人。”他感到迷茫，希望能听听别人的看法。

我想了想，觉得应该回复他。因为我觉得任何一个问题背后，都隐藏着一个更大的世界。如果真像题主所说的那样，因为阅读而看不起周围的人，那倒好解决了，你只要去寻找那些你看得起的人就行了，为什么非要与你周围的人为伍呢？可问题似乎不那么简单。

这里面有一个潜在因果关系，因是“读书”，看周围的人的方式是果，“越”还体现了一层递进的关系。

我不认为你是真的看不起周围的人，我认为是你的心理适应状态没有跟上你的知识改变状态，内外成长不同步导致了心理滞后，而产生了阶段性不适。这要怎么调整、怎么解决呢？作为过来人，我姑且提供这样几个建议给你。

1.认识成长，心理思维成长

首先，在这里我要提两个概念，一个是认识速度，一个是心理思维成长速度。认识，建立在知识的获取上，我们通过吸收信息以获得认识的改变；心理思维成长速度不会因为你的信息吸收而和你的认识速度同步成长，在本文引述的问题背景中，它表现为心理适应状态相较于认识适应状态的滞后。

认识状态是我们看待世界的方式，而心理状态是我们接受世界的方式。认识的改变是可以快速的，你通过读书就可以在认识上更新换代，但是你的心理适应状态是一个渐变的过程。心理思维状态的成长速度无法与认识状态的成长速度自洽，造成对外看待世界和内心成长世界的不统一，于是你出现了一种不适应的状态。

但我想提醒各位，这是正常的。

如果你和询问我的那位朋友一样，处于这种短时间内的心理适应状态与认识适应状态不匹配的失衡状况，我要提醒你，你需要耐心等待自身对这个问题的消解和调节。

我还要告诉你，这几乎是一件不可避免的事情，只要你选择成长，从一个熟悉的区域到一个新的区域，就会出现不适应的状况，这表现为有时候你可能会无法理解那些从不读书的人，有时候你可能又会无法理解那些总是读书的人。成长的阶段就是不断拓宽自己的视野，同时学会包容和理解别人与自己的差异。

通常情况下，我们可以快速接受认识的改变，但是无法迅速地改变我们的思维模式。你需要的，只是等你心理思维成长起来适应你的认识世界。心理的成长是需要环境和锻炼的，想让我们的思维模式成长起来，就需要一个环境来加快它现在表现出来的滞后成长。

这个环境要怎样营造呢？答案是：持续阅读，在阅读中努力去尝试理解多元化价值观和生存状态，努力去理解差异。持续阅读能够加快心理思维的成长，让内心有所依托，而尝试去融入、去理解，则是为阅读的书本寻找显示的意义。

每个认识都是不可逆的，只有持续的改变，接纳未知才能让你的心理思维成长和你的认识世界不断地自洽，最后达到一种比较舒适的状态。

我所认为的舒适状态，无非是通过努力而蜕变，使得看待自己的方式和看待世界的方式达到一致。

2.心理思维成长，肌肉运动

当你越来越觉得与周围人交往有点浪费时间，但是自己又觉得可能自己姿态摆得太高，以致现在都是独自一人时，你应该处在心理模式改变不够，但是身体模式还没有改变的阶段。也就是说你的阅读还只是在心理状态上引发你的不适，还没有产生动力引发你的肌肉运动。

知识导致认识改变，需要影响你的心理思维，最终能够引动的就是你肌肉的改变，让你的身体产生运动。

我认为，知识最终引发你的肌肉产生动力，才叫知识就是力量。

读书能够改变人，而且对人的影响是不可逆的。目前题主处在成长的中间阶段，如果你能够持续地阅读，你的心理模式就会提升一个层级，进而带动你身体肌肉的改变，最终导致相应的行动。知识转化为认识，认识又改变思维，思维最后导致肌肉运动。这每一层的转化率是递减的。成长过程产生的这种不成熟的认识世界的方式和疑问，是学习中间状态的必然结果。

改变当前状态，最简单的方式就是放弃阅读，重新融入周围的人，甚至不需要怎样努力就可以实现，你还是能够回到与他们一样的状态。或许因为你现在已经有所成长，有了一套自己舒适的个人自处方法，那么再融入集体可能还是要经过一些内心的纠结，还是会产生一些疑问，这些也都是正常的。

当然你还有一种方式，你要做的很简单：要么就加大你的阅读量，在知识转化率不变的情况下，它能够促成你行为模式的改变；要么就提高你的知识转化率，也能够达到同样的效果。总之，就是要你在阅读中学会海纳百川的度量。同时促进吸收能够使你转变，比如你的继续阅读使你把这种疑问或者反感加剧到一种瓶颈的状态，你自然会有行动上的改变，比如你会搬出宿舍，放弃不能产生共鸣与理解的一般人际关系。不要为眼前的失去而过分自责，凡是让我们感到不适的那些关系通常都是不能长久维系的。

当他们在宿舍里面打麻将，而你选择通过阅读的方式来使自己成长的时候，你们就该分道扬镳了，不必为了一时的分开而忧伤，成长是伴随着别离的，这种别离不是来自背叛，而只是成长本身的否定性质带来的必然。

这个问题中，题主所在意的是害怕成长改变了自己的世界，却失去了和伙伴相处的舒适状态，因而感觉到迷茫和惶恐。内心充满自我怀疑——“我该怎么面对？问题出在我自己身上吗？”

我想告诉你以及和你有同样困惑的朋友们：和伙伴慢慢地越走越远这件事情，的确错在你，因为你选择了独自成长；也的确错在他们，因为他们没有选择和你一起成长。不能够一起成长的朋友，注定会在路途中被一方抛弃。

寝室大检查，室友很懒，你可以替室友打扫卫生，你很生气，那你们会闹一闹，气一气，心里不舒服，过后你们还是能够和好如初。你可以看一本书，但是你的室友不看，你可能会一时看不起他们，过后你们还是哥们儿。因为一本书改变不了什么。但是你不能够一直帮室友打扫卫生，因为这会让你积怨，长时间的积怨造成的是不可逆的抱怨，矛盾自然会爆发。你也不能够一直独自看书，长时间的看书会导致你的思维模式产生不可逆的成长或改变，从此你和身旁的人就会是不同的人。

最好的状态是什么呢？——一起成长！

可成长总是费劲的，往往并不是所有人都能和你一起成长。

如果只有你一个人了，那么你一个人也必须专注，在此过程中，你的心态会慢慢改变，一个新的心态认识旧的世界当然会产生不适感，而能够改变这一点的，只有加快专注改变的速度，最终蜕变到另一个世界去；或者你选择容忍，慢速成长，慢慢煎熬，这种情况下，只能忠告于你：**既然已经选择严于律己的成长，就要背负着宽以待人的责任**。

很多书读过都忘了，读书的价值在哪里？

昨天我写了一篇文章，文字写下之后心中略有不满，把希望寄托于第二天早上的修改。你知道吗，修改文章的时候我最需要的是什么？——是遗忘，把自己刚刚写的东西忘光，就像一位普通读者那样不夹一点私念去读一位陌生人的作品，那种纯粹从读者眼中生发的感受，是更全面的、更客观的。这是面对自己的作品时，作者无论如何也做不到的，除非他把自己的作品尘置三五月甚至更长的时间。因此我们说，对一件作品，就感受性而言，作者是要羡慕读者的。你修改自己先前的作品，如果你还带着深刻的初创印象，那么这个深刻的记忆就会极大程度地干扰你、套牢你，因此大多数时候对作品的修改，只能将就着做词汇上可怜的修修补补，做不到本质上的改变，这是一般作者感到无奈的地方，作者是渴望能以遗忘获得全新的阅读体验的。

写作修改是这样，那么阅读呢？——阅读一本书为什么非得记住呢？

如果说一本书真正有益的部分是它对你所激发的大脑皮层的思考、所激起的感受，那么，“思考”和“感受”应该就是衡量一本书带给你的最大价值了吧！可它并没有强调你要“记住”啊，虽然在我们惯常的记忆里面，好的东西都值得“记住”，但是我现在不识趣地反问一句：一样东西你记住了之后，情感上的落差是不是已经大得难以忍受？

你一定有过这样的经验，那就是你读过的书，第一遍很有感觉很有感触，为句子所击节、为那些思想所震撼，你以为这些东西以后可能有用，于是就心情十分激动地画线、做笔记，可是有时候你这种活动从最终效果上看纯属一厢情愿的“多余”。比如，当你第二次去阅读那些曾经令你感动的内容，你自己都不情自禁地讶异，怎么对那么多的句子没有感觉了？以前是怎么搞的，居然会记录下这些东西？这种食之无味的感受和你初衷以为“这些内容下一次阅读的时候依然会如斯地震撼”相比，情感上的落差是不是已经大得难以忍受？

再举一个我们感受性更强的普遍例子，我们大多数人看影视作品时都讨厌剧透。对于大多数影片来说，剧透会破坏你对剧情的期待，降低观看时我们感受到的好奇和乐趣，让观看体验大打折扣。

那倘若我们不仅仅是被剧透，而是更进一步干脆直接“被看一遍”，你再去看这部电影，会有什么感受呢？

就绝大多数的电影而言，看完第一遍之后，我是不愿意再去看第二遍的，虽也有愿意尝试去看第二遍的经历，但那是极少数的作品，一般作品往往看不下第二次了——我已经看过了！我并非影评人，强逼自己去看一件已经大大缺少感受的东西，我心理上是抗拒的。而像《恐怖直播》这样的电影，我是恨不得看完立马忘光光接着不带杂念地再看一遍……我们平时看电影也没有多少人要求自己非得把电影内容记住的吧？我们看电影，追求的是感受性的东西，家里视频看着不爽，还跑到电影院去看，2D看着不爽换3D，小屏不爽换巨屏……这些可都是对感受性的追求啊！

看书何尝不可以是这样呢？

读书真正重要的是它在第一时刻所带给你的那种感受和所激发的那些思考，读王小波的书，我们讲他的书是“有趣的”，这样作者的书读一本少一本——尤其是精品，这种“有趣”带给我们普通读者的是享受。读尼采、叔本华，我们读的是他们的思想，我们看中的是那种阅读过程中带给我们的思考性的东西。

如果不是追求这些东西，平时见得最多的问题干吗是“你看过的最震撼的书是什么？”或“你看过的最感动的书是什么？”又或

“刷新你三观的书是什么？”，而不是“你看过的最容易记住的书是什么？”

在我看来，一本好书的标准在于第一次给的感受强度足够大，用我们常说的词那就是“震撼”；它引发你足够密集的思考，把你感受性的细胞给最大限度地激发或者是激起你不断地独立思考，我认为这样的书对你而言，就是一本好书。没有别的标准，就一本书对于一个读者而言，读者个体就是标准。

在此基础上，一本经典的好书就应该具备我们常说的——至少有“常读常新”的基本功能，一本《红楼梦》我今天读了是这种强烈的感受，五年、十年后再读又是另外一种强烈的感受；读书的意义就在于充实自己的头脑，感受作者笔下的文字力量，丰富自己的情感体验，为什么一定要记住才算得上有意义呢？

所以我在此有个不成熟的小小建议，第一次看的电影、看的书，如果能够激发你强烈的荷尔蒙或者激荡起你的脑通路，如果你还寄美好的初衷于以后能再次感受你眼前的这番震撼、这种强烈的感受，我不免要劝你识时务些，还不如把这个令你印象深刻的画面或文字当即反复消受——因为并不是每一部作品都能够让你的感受如昨日重现。

在阅读中让自己活成更好的样子

在读书的时候，你有没有遇到过这种情况？你读的有些书写得的确不错，在阅读的时候会非常有感触，常常会有各种认识被颠覆的感觉，这种感觉可能在看完书后还会持续一段时间。比如我相信很多人都有过在大学图书馆里看完了一本分析人类群居生活心理或者心理疾病一类的书，然后一出图书馆，就在暗暗地观察，那些三三五五聚集在一起的人，看他们的各种行为，然后和刚看到的书上的内容进行各种比对，甚至会直接把那些刚刚从书上看来的学术名词往自己或者身边人的身上套用，还总觉得屡试不爽。读书的效果以及我们的阅读体验基本也就能撑到这个时候了。

我们总是会遇到一个百无聊赖的时候，开始怀疑看书究竟对我们是否有用。我们读过很多的书，可时间一长，书里讲的什么就好像都忘了，不管曾经看过什么书，曾经感受过什么道理，好像都没什么效果，看书对我们的生活、对我们的现在和未来好像并没有带来什么改变。我们总是会这么怀疑。

这个问题乍一看好像无解，对于每个人来说，读书的作用和体验总是过于自我，过于私密，似乎很难拿出来讨论。

那这样，你现在既然看到这里了，不妨跟我一起来花一点时间，做个假设。假设你平时放荡不羁，某一天看到这样一篇文章——《周迅：梦想、计划都不重要，踏出第一步最重要》，讲的是影视明星周迅的励志故事。通常情况下，我们阅读过这类励志类的文章或故事之后，总会或多或少地有些感触。你读了下来，联想到你过往的阅读体验和生活体验，你产生共鸣，并有感而发！你开始想象自己几年之后的样子，以及你希望到那个时候，你自己理想中的样子。你通过阅读，主动地联系实际和自己的过往阅读经历，让新接收的建议和预存的知识相互印证，甚至还花了一点时间，将自己代入情境，进行假设。想好了之后，你如果能倒推回来，如果能提前按照那个标准学习、工作，那么实现对自己未来的期许就是指日可待的事情了。这就是阅读带给你的与众不同的地方。

很多人会以为这样的生活一定很枯燥，这样的生活一定过于苛刻。可事实上，我相信会有很多人和我一样，尝试了没多久就会发现这实际上是一种格外刺激的生活方式，在这种方式下，在可测量范围内，多巴胺的分泌明显是高于平均水准的，有多刺激不言自明了吧。

但最重要的是：阅读能让现在的你提前成为未来的你。

你只有在阅读过程中，才会多花点时间想想自己未来的样子，才会多花点时间预演一下，多抬高一点点的标准，多做足一点点的功课，就这样，慢慢地，你和别人的差异就一点点地积累形成了。可又不止这样，阅读不仅提供了你勾勒理想未来的契机，还会把这种意识在你脑海中潜移默化地不断强化、不断重复，让你在感到迷茫而不知所措的时候，不自觉地冒出这些对自己的提问："我想成为什么样子的人""我想做些什么""我希望自己能实现什么目标"，这些设想、假设就这样一步步地完善成了你的理想。

为什么有的人读了一本书学习到新的东西，能够知道要对生活做一些新改变，能够明确告诉自己"这是一个值得思考的问题"，并切实采取了行动？为什么有的人能把阅读时灵光一现的意识转变成行动？意识转化成行动，是人和人之间差距被拉得越来越大的重要原因，而阅读可以起这么大的作用。

假设以上所言你都了解并且正在经历着，通过阅读，你产生好奇，有了求知的意识；通过阅读，你产生共鸣，有了想改变现状的意识。既然你意识到学习到的东西已经能够改变自己的生活，那么你要做的就是死死抓住那个能改变你生活的点，深入实践，立马改变。

这种行动的热情如果能长时间保持那就再好不过了。但往往情况没那么完美，总是热情持续一段时间之后，生活也并没有显著的改变，我们自己也并没有值得一提的成绩，这时候就总避免不了感到迷茫无措，就会怀疑为什么很多书看完了之后，回到生活，最终还是该怎样就怎样。

这或许是一个很多人都曾经历过的阶段，无数的人都会在此刻不止一次地问："到底是为什么？"我也一样。可是后来，经过了这个阶段，我回过头来想，当时读书之所以陷入进退维谷，看不到成长的境地，可能有这样几个原因。

◆忘了把知识渗透到执行中。

在看到那个让我规划自己的五年生活的建议，深有感触之后，我应该及时地坚决执行这个自己深信不疑的建议啊。

◆ 忘了自己阅读的目的。

我阅读是为了改变自己，提高自己。然而，在阅读中，我不知不觉地已经沉醉在阅读的快感中！简单地把阅读当作阅读。把阅读当作纯粹的阅读不是不好，如果当初的目的是为了放松和享受，这是一种极高的投入状态。但这背离了我的想借阅读改变自己生活的初衷，最后只得到了阅读本身。

◆ 忘了保持长期的执行力

所以，把最重要的事情给忘了，谈何改变？

为了些许地改变这样的现状，我由衷的建议就是：

——把新学到的东西，归纳为可操作的步骤；

——把改善学习、生活的建议列成一系列清单；

——每一天根据生活实际尝试实践清单；

——淘汰不适合自己的建议；

——把少量有益且高效的建议内容固化，或深入思维，或变成日常习惯。

最后，我必须苦口婆心地告诉你，读书对你的改变和影响，你一定会感受得到，只是不一定是当下，可能在未来的某一时刻，在你感到鹤立鸡群的时候，你会发现，原来无形中的改变早已深入内心，过往读过的那些书也早已侵入骨血，成为我们身体的一部分了。

现在的你不要身在福中不知福，且放宽心态、放眼未来，多读书，读好书。

写作的水平会随着读书变多而进步吗？

不能。

我说一点点阅读和写作的体会吧，一共19点。

1.一个人写作的水平不会随着读书变多而有明显的进步，写得多了反而能够明显地提升阅读水平。

2.写作是技能，作家阅读的方式和常人大有不同。懂得这项技能的作家，在阅读别人作品的时候，眼光不自觉入肤入质。正如画家看画，和我们看到的是不一样的世界。

3.在初期，阅读能丰富语库。确切地说，大多数好的词句和你就只有走马观花见一面的缘分，多数时候阅读所起的作用就只限于让你见识了语言的丰富，然而与你自我的内化无缘。

想要切实扩充语言库存，我建议阅读过程中要刻意记录、刻意记忆、刻意回忆、刻意复习、刻意运用。总而言之，就是要你学会刻意练习。

4.在初期，阅读只起兴趣引导的作用。就像想要学习生物学或者宇宙学，纪录片是很好的兴趣引导物。一个喜欢阅读的人，读多了自然也按捺不住想动笔，对于一个有志于写作的人来说，别的作用先不说，阅读确确实实地能够引起和维持你的写作兴趣。

这也给我们一个启示，那就是想要让小孩子写作的家长，可以不必急于强迫，只要慢慢培养他阅读的习惯就可以了。阅读是会感染写作的。

5.在写作初期，阅读能提供间接素材。写作需要大量的直接素材和间接素材。一个人的直接素材有限，而阅读能够提供间接的生活经验、对不同事物的理解，可以是案例素材，也可以是观念素材、思想素材，这些与你个人生活有所联系，即使你不刻意关注，也会耳濡目染的。

6.阅读带来不同层次的写作感觉。阅读对一个人写作感觉的影响是能明显察觉的。长期读王小波你不自觉写着写着就嬉皮了；长期读鲁迅你的文字似乎也开始带刺了；找一个你喜欢的作家，学一种你喜欢的文风。长期专门读这位作者的作品，就易形成深度的感觉，而囫囵吞枣在不同作者间轮换，就形成不同感觉杂合，都是浅水平，但这种方式也并非一无所长，它对开阔视野大有助益。阅读和写作的要求有所同，必然有所异，你要懂得分清。

7.阅读能培养独立的个性。虽然我不确信独立人格、独立个性是不是所阅读内容造成的，但我知道，一个浮躁的人读书，他就得坐下来，会坐很久……

任何安静下来坐很久的人，多少都能够让心绪平复，长此以往，以至形成温和气质。是书让你变得温和吗？我更相信是因为你长时间坐了下来的这个习惯。就这个意义说，我相信听音乐也可以。

8.我的一位朋友，喜欢阅读，每星期读每月读，也许他不谈恋爱，但在读书这件事上他不存在“也许”。此外，他还写作。我看着他就纳闷啊，怎么你读了那么多书，文字水平还那样？不仅仅他是那样，我自己也是这样。

阅读他有，写作他也在进行，水平还是没能提高，真让人百思不解啊，难道大量阅读就对写作无所助益吗？我的答案可能是——阅读的道路对他已经不怎么明亮了，对你我也是。

9.书读过头，就会眼光和作者齐飞，自己的阅读兴趣却不断变窄。鉴赏力这件事情，升上去了就很难降下来，读惯了高水平的作品，再让我去读网文，几页下来就必然觉得难以读下去。所谓俭入奢易，奢入俭难，这话在阅读中实现了。

10.书读过头，还是眼光和作者齐飞，但会对自己的作品不屑一顾。阅读层次上去了降不下来，高水平的作品你写不出，低水平的作品你自己受不了。这时候你再写点东西，很可能就不那么能容忍自己了，动辄怀疑自己资质之低。

这种状态中，你已经很难正常看待自己的成长过程了。要么容易走极端怀疑自己，要么就想方设法找捷径。对于写作来说，两者都是害。所以我建议你，不妨暂时放一放，或者暂时放下阅读，专注于写作，或者暂时放下写作，专注于阅读。总之，是希望你能够找到自我、写作和阅读之间的最佳平衡。

11.就算书读多了，深度仍然还是欠缺。看一百本到三百本，我们惯常的阅读深度还是游离在每一部作品以下二三尺的水平，这个虚有其表增加的广泛度，根本无助于我们写出具备深度的作品。

12.写作这件事情，我们很愿意认为，我们和莎士比亚之间的区别主要是外部表现技巧上的高低，我们的思想由于埋藏太深而找不到合适的词句来表达。但是，这只不过是一厢情愿的幻想：这种区别并非在于外化形象的能力，而在于能否在内心构造一个能够表现对象的形象。

写作最重要的就是要有心中想要表达的那个形象，艺术家冥思苦想的、全心构想的也正是为了表达心中主题的最完美形象。

13.心中能产生“需要表达的东西”，这是核心。凡能让这个“想要表达的东西”产生的方式都是对写作有利的，写作本身可触发这个东西，阅读也可以触发你，在这一点上不排除阅读的作用。

但从这一点上，我们也要看到写作所能引发的是连续性表达，而阅读只是间断性与作者同舞的感受罢了，这就是有所差异的地方。

14.可以说，一部好的作品，从作者写作的第一刻起，他所写的每句话每个字于他都是高潮的共鸣，但是对一个作品阅读者来说，我们只能隔行隔段才能偶尔体会到作品意趣横生的激情。

作者的写作，无论是痛苦或享受，都有必然经历全程的体验，而读者最多只能找到作品中一部分与我们自己世界产生共鸣的高潮。这种连续性高潮，你不写作是无法体会的；你不写作，这种连续性体验也是无法产生的。

15.我认为想要专项提高写作能力，与其漫无目的地读书，倒不如去直接看写作技巧的书、上写作课。

16.很多人认为写作就是一件由心而发的事情，但写作先是一项技能。真想不明白那些矛盾体，一方面他们坚称阅读应该是无功利性并且愉悦精神的，另一方面又希冀把书读到一定量该对写作有本质的提高了吧。

我说，他这是不了解阅读，也不懂得“提高”这件事。

17.写作是一件很细节的事情。写得多就会写得好吗？

也许吧，但在我看来，写得多也许就只是能维持一定的写作感觉，而想要提高，那就得针对性地进行写作练习。比如，一种声音有哪些表达方法？一个动作怎么表现才能更生动？一旦你把注意力放到写作提升本身上，就会开始注意到“动词”“名词”“形容词”这些更为细微的东西。而我们平常的阅读呢？一般只是停留在句子或者段落的欣赏水平。写作是一件需要时刻关注到“细微”的事情，这一点和一般的阅读眼光大不一样。

18.最后与写作水平提升有关的，这一点一定不要忘了——是修改——是不要忘记修改，而不是不要忘记“修改”这个词。

19.很多人会把修改之前的作品当作是自己的真实水平，不情愿把大力修改之后的作品当作是自己的真实水平。这是读书时期的作文训练以及高考写作带给我们的灾难。在高考和平时的作文考试中，我们都只能一锤定音，写完一遍就直接打分评定一个人的写作水平了，“修改”这件事情在写作中的位置从来是边缘的。

其实，当我们看到那么多作家殚精竭虑去给作品修改的故事，怎么就看不到——修改也是写作的一部分？而我们从来没有赋予“修改”在写作中应有的地位。

读书越多的人，越难相处吗？

我玩知乎多年，有一次收到这样一个问题邀请，不论是问题的发问者还是问题中的指向者，都在我们生活中常常遇到。我想这可能会代表生活中典型的某类人，所以现在我把这个问题整理。如果你看到的时候能有所感触，那就够了。

问题是这样的：

> 我很清楚这里有很大的一部分是我自己的原因，但是我想着是不是也有一小部分是别人的原因。在我认识的人里面，读书多（我指的是阅读而不是学历）的女孩子，即大多数所谓的“知性小资姑娘”真心不是很好接触。

谈谈我自己的经历吧。我算是个阅读很多的人，阅读很多，自己走的路也很多，全国各地都走过，除了新疆青海。不敢说自己多么招人喜欢，基本上与人相交还是能做到不被讨厌。但是在我接触过的那么多人里面，只有一类人我每次接触都是以不想再接触告终，就是那些读书很多的女生。

我觉得，她们中的大多数，过于矫情，对别人要求太过苛刻，对自己却要求太少，但嘴巴上总是说得相反。看似无欲无求其实世俗得要死，既要精神的共鸣，又要物质的充足，只是隐藏得比较好。

跟她们相处不来，我不知道这到底是她们的原因，还是我的原因。

看到这个问题的第一反应是感到莫名其妙，甚至有点气愤。等情绪冷静下来之后，整理好逻辑，我认认真真地做了回答。

如果读书越多越难相处，难道那些读书很多的女孩自己不知道吗？知道了读书越多越难以相处，她们还读，难道她们不想与人好好相处？

这问题好比，你问是不是越聪明的人越难相处一样，有一个更加聪明的反问就会出现：既然他们那么聪明，那他们为什么解决不了“与人难相处”这个问题？为什么聪明的小孩没有让自己变得受欢迎呢？

实际上，《黑客与画家》中对“为什么书呆子不受欢迎”这个问题提出过疑问，最后得出的结论是：智力本身和“受欢迎”无关，聪明小孩不受同龄人欢迎的原因是，他们真的不想让自己受欢迎。“他们并不是强烈地渴望这个（指受欢迎），更想追求的是另一件事情——聪明。”回到这个问题上来就是，你接触的那些读书多的姑娘压根儿就不在乎是否受到你的欢迎，她们更在乎的是找到志同道合有共鸣的人，收到他们的共鸣。关系都是双向的，你认为你不想和她们再接触，可能她们同样也不想和你再接触，如果你也觉得读书越多的女孩越难相处，那多半是她们不想和你好好相处——是她们不想，不是她们不能；是她们不想与“你”相处，而不是“所有人”。在这种情况下你无须担心，也无须忧虑这到底是谁的问题，能够在自己的社交圈子里自得其乐就可以了，圈子不同，那么不必强融。

博览群书的人都或多或少有一些骄傲，自有一套自己的世界观，不论是男生还是女生，而既然这个问题专门提到了女生，那我这篇回答，也就专门讲一下女生。很多男生凭借着影视、小说中对女性夸张的表现就想当然地认为女性群体在观念上是统一的，殊不知，对任何一个群体进行划分的标准都有其严重的缺陷。在强烈追求自我解放、个性展示的今天，依旧固守着对女性的标签化印象，就不免容易被人骂为“直男癌”，你以为这些女孩会把不能与人相处、在群体中不受欢迎、在人群中没有存在感当成天大的事情，觉得那会夸张到要了她们的命；你以为她们一群姐妹上街，就要嘻嘻哈哈才是快乐的，不说话就不快乐……

可你要知道，有一些女孩子，哪怕和你去同游一个大明湖，她眼里也不仅仅是你口中一笑而过的夏雨荷和乾隆，她还能为这雨荷背后的爱情本身动容，她或许还能想到湖中白莲和玉莲的传说，想到李清照的哀词。你不知道的是，你们分明看到的是同一个世界，但她却可能沉浸在另一个根本没有你的世界。而如果你也懂得些呢，你们大可以有相见恨晚的感慨，若你不能，也不要自以为是地将她们看作是冷漠，是不好相处。

当你们的知识水平不相匹配的时候，她和你，会话不投机半句多，即便出于礼貌闲聊也往往相视无感、互相应付，那又何必？懂的，两三句心领神会；不懂的，说多了对方累，说深了还怕你无以应答，这都很尴尬。所以，当你和这部分被你标签为“读书多的女孩”话不投机的时候，如果她们宁肯保持淡淡的沉默，呈现出一幅她们“难以相处”的画面，把这“难以相处”的责任揽在她们自己身上，那其实是想给你台阶下。这是善意，你要识趣。

《黑客与画家》的作者曾说，美国的青少年醒着的每分钟，都在琢磨着怎样才能更受欢迎。这不无夸张的成分，但至少也能看出来，像“受欢迎”“好相处”这些社会标签，似乎也不是那么容易做到的。换句话说，想要“受欢迎”或者“好相处”，得花费努力，但这种努力，在某些人看来却是不必的，而你让他去做，他就会觉得痛苦。一个想要被人认为好相处的人，总不能每天太随意。需要注意服饰穿着、需要注意合群、需要在路上和你保持微笑……这些事对于习惯的人来说没什么，但对于另一些人来说，这种累积的“不间断的付出”对他们是一种困扰、压力。尤其是那些有另外一个思维世界的人。

对于这类人，你会发现，一旦你有想要搞定他们的想法，他们就越搞不定。看重内在的人，一旦他们的精神境界升上去了，就不会愿意再降下来——由奢入俭难，这句话在精神上也很符合实际。你想要和他们保持一致或者赶上他们，那只有自己赶上去，绝不可能他们低下头来附和你。

能好好相处是一件很好的事情，读书多的人自然也能够意识到这一点。平心而论，就我有限的社会交往经验而言，读书越多的女孩子往往熟悉之后是很好相处的。读书多的人，她们的敏感度锐化了，内心再也不能麻木地容忍迟钝，她们会有更多的心声去追求她们真正在意的事情——毕竟，很多书就是教我们做这个的：听自己的声音，那里有真、善、美，而我们，往往希望自己也是这样的。

否则的话，在你眼里将不单是“读书越多的女孩难以相处”，你还常常会发现那些技艺精湛的工匠脾气很不好，有些科学家、数学家对人的态度实在很糟糕，“他们很难相处”，你将总是觉得那些在某方面爱得深入的人难以相处。

读书多的女孩子，和那些工匠有什么异同？如果有人能把“读书”当作一项“术”，那韩愈的话很合适：术业有专攻，如是而已。

她们有了自己热爱而能投入的事物，多了一个世界。在更高的境界上，她们会遇到更好的所谓“相处”对象。在那个地方，那才叫“三言两语，心领神会；颔首低眉，仿佛恋爱”。她们需要读的书还有很多，她们知道。

对于她们，我们总是不自觉地多投入了一些目光，我们追随她们的身影，那或许也是一种羡慕。羡慕她们对书籍、对生活的投入，羡慕她们能够找到并坚持自己所热爱的，羡慕所有能够对事物基于热爱而投入的人。

读书之外，你还要学习哪些知识？

我们总是在追求我们理解中的生活体验，尤其是一种近乎完全忘我的精神形态体验，这种感觉想想都觉得会是超级棒的事情。即便渴求，我们依然要有选择性地去实践。生活遇到太多ABCD同等重要的事情，并且你对它们同等地感兴趣。然而，我们在体验完A的时候被A附生的小a、小aa、小aaa……所吸引，从而丧失了BCD的精彩体验。如果说ABCD组成的是一个完整人生，那么如此无休止地执迷于第一个选项的我们就只能活出一个畸形的人生——当然也有可能是在A态绝顶BCD态下弱智的一方天才——但对于常人来说，如果无法永远在A态下走到底，就很容易落得不伦不类。

不要因为读书而失掉灵气

我的中学语文老师说，“我最喜欢那种有灵性的人”。说完，他总是怅然若失地看窗外的世界，而每当这个时刻，我都喜欢观察他的眼睛——每每震惊地发现这位阅尽风霜的老先生目光总是暗淡如死灰，这种极端的反差有点可笑，却也让人叹惋。我相信他年少时必定也曾才华横溢，可在岁月的打磨下终究是失了初心。这开始让我担忧多年后的自己。我感到害怕，于是我经常在多读一本书的时候会突然地照一照镜中的自己，担心会不会什么时候也变成呆滞模样，那是十分讨厌的模样，就像教我中学语文的老先生的模样。我常常提醒自己，读书读成痞也好，读成精也好，甚至如果感到不合心意索性丢下不读也好，就是绝不要因为读书而失去了灵性、灵气……

当一个人失去自己的灵气的时候，就是他泯然众人的时候了。

你要读书，也要独立思考

读书时，是别人在代替我们思考。我们只是重复作者的思维过程，其中思维的大部分工作别人已替我们完成。这就是为何当我们从专注于自己的思考转向阅读的时候，会明显地感到轻松——人总是喜欢追寻容易的事情，哪怕在读书这件事情上。正如叔本华所言，我们的头脑也实际上成为别人思想的跑马场了——这是细思极恐的一句话，曾让我对读书产生怀疑。

如果一个读书多的人整天手不释卷沉浸于书，那么长此以往他会不会逐渐丧失独立思考的能力？从最开始为求学会思考而来，到最后却因沉溺于他人的思想而无法自拔——久受外力压迫的弹簧最终会失去弹性，同样，如果我们的头脑不断地受到他人思想的压力，也会失去自己的活力。这是我们从读书中学不会思考，反而丧失了原本思考能力的重要原因。也是所有人从一开始读书的时候都始料未及的事情，我们必须警惕。书中的思想只不过是沙地上留下的足迹：我们能看到别人走过的路径，但要知道他一路上看到了什么，则必须用我们自己的眼睛。

古人言：尽信书不如无书。可我们依然不得不承认，到现在，绝大多数的读书人依旧是只愿专注于作者走过的脚印，却不愿抬起头来看这个世界的风景。

其实，读书并不能给我们“带来”什么潜质。如果我们本来就有这样的潜质，我们可以通过读书而发现它们、唤醒它们，并逐步了解能把这潜质发挥到怎样的程度。我们可以从别人的例子中来鉴别运用这些才能的效果，由此学习到正确使用它们的技巧，阅读教会了我们如何运用我们天生的才能——当然，前提是我们本身已经具备了这种天赋。否则，只能成为一个肤浅的模仿者，走在别人身后，扮演着无足挂齿的角色。

不要害怕你的困惑

“你的问题主要在于读书不多而想得太多。”这是我们经常听到，再熟悉不过的一句话。每每有人跟我提及，我听了总是很愤慨。

想得太多、想得不明白的时候难道不就是应该去阅读吗？可阅读也往往并不能解释我们所有的困惑。我阅读了，可我依旧还是迷茫的，其中最大的一个问题是：多和少的度量是难有公论的，是静态的量还是动态的量也是难以一以贯之的。我们最开始进行阅读的原因是什么？无非是简单浅薄的思维方式难以满足我们天马行空的想象，当想象无法被我们自身所拥有的知识体系所解释的时候，我们便转向了书本，想从他人的观点中寻求启发。

幻想与困惑从来都不可怕，它们会推动我们一步一步去寻找未知的世界和未知的自己。

学会勇敢地提出自己的观点

每一部作品都是一个人思想的精华。阅读一个人的著作，总比与他交往获益更大，即使这个人有着最伟大的思想。阅读一个人著作的价值远远超过了与他交往言谈的价值。甚至一个普通人写出的东西也可能会给人以教益或消遣，值得一读。因为这些是他思想的精华，是他全部思考和研究的成果，而在与其本人交往时，也许会让人不甚满意。所以，读其书而不满其人，是有可能的。

然而，读书多的人容易产生三日不读书便觉得语言可憎的感觉。为什么会这样？是因为太热爱阅读了吗？

其实不然，只是因为现实的失落致使我们总想去书中寻找出口，我们希望借由他人的思考得到触发自我突破的一把利刃，长期把现实的失落投注到书籍的世界中获得相应的汤匙，认定书就是人通向幸福的温柔乡，认为书就是追逐名利的智识库。这种想法没有错，可是过度执迷不知变通就不可取了。因为我们人是活变量，书是死变量，它不会自己适应我们人各有异的需要。当我们执迷于书而不知抽离的时候，当我们只能诉诸死板的文字而不加变通的时候，就会失去提出自己观点的能力，变得和承载书的内容的纸张一样，只是作为他人观点的载体而存在。

书对人的意义

书，是特定时段特定情境思维的人。

无论阅读目的是为了获得文字慰藉还是寻求智识，我们的收获与书都并非线性的关系，没有科学证明过，我们的收获就是与读书量正相关，而不是负相关；一本书从某种角度来说就像是一个停留在某一特定情境中思维的人。我们与书本质上是阅读时刻的我们与过去那个著书人的对话关系，是我们与那个阶段的他们交流而已。书并不总是好的，有坏的，也有不合时宜的，就像你生活中遇到的人一样，有合拍的，也有厌恶的……碰到了坏书你大可以把它大卸八块处置掉，而碰到厌恶的人更多的时候你甚至无能为力，只能避之唯恐不及。对于书，你有任意处置的权利，你像是同任意思维、任意观点肆意交往，既能大开眼界，又能逐渐融会贯通，完善自己。而这就是你读书能赢的地方！

实际上，也是因为受叔本华跑马场理论的震动和恐慌，当我读了太多书以致陷入苦恼的时候，作为一个凡人，我颇为得意的是能用“邓巴数字”来解决读书与人生的相关量问题。

邓巴数字

“邓巴数字”，即著名的150定律，由英国牛津大学的人类学家罗宾·邓巴（Robin Dunbar）提出。该定律根据猿猴的智力与社交网络推断出：人类智力将允许人类拥有稳定社交网络的人数是148人，四舍五入大约是150人。我常常以邓巴数字为标准来体会读书与人生的相关量问题。

邓巴数字理论被认为是很多人力资源管理以及SNS的基础，即：人类的社交人数上限为150人，精确交往、深入跟踪交往的人数为20人左右。该定律指出：人的大脑新皮层大小有限，提供的认知能力只能使一个人维持与大约150个人的稳定人际关系，这一数字是人们拥有的、与自己有私人关系的朋友数量。也就是说，人们可能拥有150名好友，甚至更多社交网站的“好友”，但只维持与现实生活中大约150个人的“内部圈子”。而“内部圈子”好友在此理论中指一年至少联系一次的人。社交网络给了我们联系，却未必给我们交流；拉近了我们的距离，却未必增加我们的亲密度；激发了我们社交的天性，却可能磨平我们沟通的能力。社交的幸福感来自社交的质量而不是数量，来自沟通的深度而不是频率。

对此，我深以为然，同时结合对书本身和阅读体验的思考，我又有了以下几个观点，在此一并分享。

1.我认为，邓巴数字是根据人类智力推断出来的社交定律，具有科学性。

2.我坚信，一本书相当于是处在某一特定情境中思维的人。

3.“读书不是万能的，但不读书是万万不能的”，这是因为我们既需要与人交流，又需要阅读来沉淀自己。

4.根据人类认知能力，开放的社交环境能维持150人的稳定关系——150是个人生活情境的人际基数，这也是我处理个人人际关系的一个参照值。

5.根据第2条，即一本书相当于一个独立的、被抽离出人性思维的思维变体，那么我们的书本阅读量就应该根据邓巴数字以及人类认知能力，有理由产生一个相对合理的阅读数量X——X即为阅读开放环境下，人在阅读世界的一个阅读基态。

阅读数量X的值因不同的人的差异而有所不同，但又并非是一个笼统的概念，按照下面的做法，你完全可以算出你自己的X值。

要怎么做呢？请你继续往下看。

第一步：提炼交往因子。

通过引入“邓巴数字”这个概念，我们进行个人分析，思考我们是要从这150个人的人际交往中寻求什么，同时进行交际人群类别的划分。

比如：

A是你的同事：关系是追求合作共赢；

B是你的对手：关系是追求竞争胜利；

C是你的父母：关系是追求亲情永固；

D是你的儿女：关系是追求养育有道；

E是你的朋友：关系是追求友情长存；

F是你的爱人：关系是追求爱情永葆新鲜；

……

以上只是简单举一些我们每个人生活中都密不可分的例子，就你个人而言，你完全可以从150个人里面分别提炼出每一个因子，然后归纳相同或相似关系因子进行合并同类项的工作。

第二步：根据人际交往中的因子关系的方式，类推图书，通过对不同关系因子的需要，找到相对应因子的书，不限于一本，更多情况下总不是一本，而是多本，只要能合适地满足因子相关的问题即为满足需要。

这样，我们就解决了图书的X量的问题。

第三步：一切以人为本的深入度的问题！

读书是人的活动，其核心总是不在于图书本身，而在于读书的人，这就要求我们对待图书问题要讲究以人为本："邓巴数字理念指出人类的社交人数上限为150人，精确交往、深入跟踪交往的人数为20人左右"，以此类推，也就是说，我们需要深读的是你生活中这20人对应出来的书。

假如你面前有150人，其中之一是你的伴侣，你会思考爱人对你很重要，所以为了维持和丰富这段感情，也就是说你精研这一对应因子的书也是很有必要的。而剩下的149人可能对此刻的你来说不及伴侣之间的关系，哪怕在其他情况下他们也有可能是你在其他情况下的唯一，但此刻不是，就注定此刻他们只能扮演边缘的配角。

选书亦然，你所选的必定是和你当下的需求紧密相关的，有的书可以泛泛而读，有的则需要深入——这都是根据你当下与人交往的密切度而决定的。

所以此刻，假定你面临的这150个因子各异，每一本书能够契合一个因子，那么这150本就是你现在的阅读基态。

当然，这是由"邓巴数字"类推得来的数据，每个人的需求不同，数字浮动自然也因人而异。

我一直想要建立一个完整、具有自我人格的人—书双同步的头脑世界。书籍与自我意识在这个世界同步成长，丰富并能修正我的人生，我希望你也可以。

读书与生活

读好书的前提是不读坏书：人生苦短，我们的时间和精力原本有限。

坏书对你的伤害，不会因为你意志的遗忘而从你沉睡的脑海里抹灭，它会潜移默化地影响你的生长，影响你之所以变成你现在所呈现的模样，影响你现在的生命质量。坏书害人不浅，你要学会分辨。

而所谓的好书呢？好书应该多读，可是即便读得再多，那也只是生活的一部分，不能本末倒置，否则好书也会产生坏的作用。我认为出于生活情趣的目的而读书最后又回归到生活是最好的读书状态。因为我总觉得读书有时像是一种外界刺激，实验室里的小白鼠也不断受到刺激，刺激带来的反馈让它们不自觉反复去触碰，但那只是一种动物态表现，并不是寻求什么精神高地，而我们不同，我们需要一个恰当的读书量纲作为指导行为的原则，原则不清就极容易成为在他人的思维里嗨翻了的小白鼠而不自知，这也是我们所不愿的。

第四章

重新定义你的超强大脑

“笨”从来就不可怕，可怕的是始终安于笨拙。你只有再多努力几次，突破了自己的知识瓶颈，回过头来才能看清自己原来的“笨”，才能深切地感受到或许你以为聪明的别人也不一定如你所见的那么聪明。

高效率学生的秘籍

秘籍1：能量的管理

记住一句话：Energy，not time，is the most precious resource of our life.这句话说中了我之前一直有的模模糊糊的感受，我总觉得有时候时间利用率高，有时候低，却不明就里。这句话却一语中的——我们是靠热情在做事，而不是时间本身。做一件事，花的其实是我们的能量，而不仅仅是时间！

良好的能量管理有两步。

1.增加你的能量储备

①每周有3~5次运动吗？如果回答为否，你正在削弱你的潜在

能量水平。每天运动一点点，学习效果更明显。

②每晚有七八小时的睡眠。

③吃粗纤维和粗加工的食物。

④一天之内，你喝几杯水？最快让你丧失能量的办法就是脱水。

⑤少吃多餐，一天吃四五餐，每次吃七分饱。睡前吃一点能让你第二天精力充沛。

2.将你的日程表由线性的改为循环式的

线性的计划是平均安排时间执行工作，而循环式作息安排则先集中小部分时间做大部分工作。

建议：

①一周休息一天。

②晚上不干活。将一天的工作放在早上集中完成，早早完成工作，晚上你就有几小时的空闲了。

③设定90分钟。给定自己90分钟，集中精力完成某个学习任务，一旦90分钟结束，停止工作。90分钟的时间设定能让你学习时注意力更集中。

推荐书目： *The Power of Full Engagement*（《精力管理》）：管理精力，而非时间，是高效工作、健康和快乐生活的基础

秘籍2：不要“学习”

学习就好像整个食物的咀嚼、消化、吸收的过程，它不是表面上吃的动作，因为人们不可能永远吃个不停。“学习”这个词给大多数学生增加了太多的精神压力。他们认为如果不能一直待在图书馆、坐在书桌前沉思苦读，就会有负罪感。

学习的过程也意味着一系列的具体动作，比如阅读、作业、记笔记、写文章、写日记、练习、科研等，任何一步都要深入下去，寻根问底。

秘籍3：绝不拖延

办法很简单，如下：

①每周周末，列一个清单，包括所有的任务、作业以及想在下周完成的读书和学习活动。

②每天晚上，检查你的周计划，列出每日目标清单。

③下一步是将每周的工作分配到每一天，确保完成每日的工作清单，但是不必超过它。

秘籍4：批量作业

批量作业的意思就是将那些类似的、分散的工作集中起来一次做完。

①工作量。最适用于将那些需要时间不长的零散工作放在一起做。超过3个小时的工作用批量作业法，效果就不好了。

②一次性完成作业。如果一项作业花费的时间不会超过8小时，那就坐在凳子上不挪窝，一鼓作气完成它。将一篇花3小时就可以写完的文章，分成15次零散完成，肯定会浪费很多时间，每一次都要花时间重新鼓起写作的激情才能开始正式写作。

③提高注意力阈值。注意力阈值就是指集中完成某项工作的最长时间。通过不断接受越来越多的批量作业，你可以逐渐提高你的注意力阈值，阈值越高，表示能一次完成的工作量也就越大。

推荐书目：《批量作业：节省时间、减轻压力的20个小技巧》

秘籍5：有组织

有组织的关键步骤如下：

（1）所有的物品都放在固定的位置。

（2）随身携带一个记事本。每天随时记录，日积月累，必有所获。

（3）坚持使用日历和做事清单。应用做事清单记录任务和目标，使用日历来记录要做的事和截止日期。

秘籍6：自我教育

积极进行自我教育能提高学习能力。闲暇时间能专心研究一门感兴趣的课程，本身就是一种莫大的奖赏。不过，自我教育没有学校这种组织，难以找出重点、提供足够资源和检测学习效果。

我的大多数自我教育都是采取以项目为基础的学习方式，建立良好的习惯、克服种种学习障碍以及设立适当的学习目标也同样大有裨益。

在网站上我还发现这个：自我教育的70%原则。

在继续深入学习某个知识之前，要设法达到70%的明白程度与记忆程度。就算漏掉了30%的信息，也能更迅速地回想起来。

采用这样的方式，理由是学习剩余20%的知识和开始学习80%的知识，所用的努力是一样的。通过深入探究，能保证一直都将你的努力集中在真正有用的地方，而不是科目的那些琐碎的细节上。

精熟某些知识达到70%的水平，然后潜得更深，并了解这个知识的外围。这里有一些例子。

*熟悉一个方程到70%的程度，然后去运用。

*学习一个哲学命题到70%的程度，然后尝试去解释其中的奥秘。

*明白一个管理理论到70%的程度，然后阅览其应用情况。

*记下一个新语言70%的单词，然后在对话中练习。

如果用这种方法来学习，你可以更早地构建知识的联结点，而不是等到有点印象之后才开始将知识关联起来。你可以在探索中立马开始。这样可以减少记忆量，帮助你更快地学习。

秘籍7：建立良好的学习习惯

提高学习能力的良好习惯：

①每日阅读

每天坚持阅读是提高理解能力最好的途径之一，我坚持每周至少阅读一本书，每年至少50~70本。书籍不能教会你全部事情，但是它会给你打下坚实的知识基础。随着阅读量的增加，视野就会更开阔，看问题的角度就会更广泛。

②每日练习

通过每天完成项目的工作以及学习技能的练习，你会提高自己对书本知识的理解，练习能为你的学习提供一个结构，因为练习会对你最初的能力水平予以定位。

③每日目标

单纯的阅读和练习并不够，因为目的性不强。通过设置学习的目标，并把目标细分为每天要完成的工作，才能切实有效。

怎样养成每日习惯：

①坚持某个习惯30天。比如每天阅读40页坚持一个月，每天设计编程一个小时。

②坚持下去。每天坚持以同样的方式完成同样的习惯，今天阅读、明天听讲、后天练习的方式对于养成习惯来说太脱节了。

③享受这个习惯。

④寻找特殊时段。我喜欢晨读，因为这段时间我可以不受打扰。找到每天属于你的特殊时段有助于强化你的习惯。

推荐书目：《习惯的掌握》《如何改变一个习惯》

秘籍8：克服挫折障碍

自我教育需要比上课更多的耐心，同时我也发现上课通常如缓慢步行的老者，自我教育则可以帮助我们快步如飞。

减少挫折障碍的小技巧：

（1）写下遇到的任何障碍。详细地记下障碍让我们对问题的思考更为容易。

（2）利用网络寻找答案。

（3）找一本关于“怎么做”的工具书。有一些书不谈理论，专门告诉你“怎么做”，这对于打算做什么事情是非常有价值的。

秘籍9：设置学习目标

设定学习目标的一些技巧：

（1）所有的目标都要写下来。用一两个句子写下目标，并给它一个截止期限。

（2）让目标客观化。在学习的过程中，要能很容易地就判断出是否已经达到了目标。所谓的“学得更多”不是学习目标，因为它不客观。

（3）设定有些困难，但是努把力也可以达到的截止期限。期限定得太松，就起不到促使你行动的作用，如果期限定得太紧，会让你丧失信心，灰心丧气。

（4）将目标的完成转化为每日和每周的具体行动。一个今天就需要立即完成的小目标远比几个月后的大目标更让人坐立不安，焦急万分。

（5）经常看看你的目标。至少一周检查一次目标完成的情况。

推荐书目：《设定目标的九个步骤》

我收集的一些关于自我教育的网上资源：

MIT Open Course Ware——MIT提供的网上免费课程。

EHow.com——关于“怎样做”的各种文章。

FreeEd.net——“网上免费教育”。

Portal to Free Online Courses——很多名牌大学在线课程的入口。

http：//ScottHYoung.com——我个人的网站，专门讨论高效率、学习方法和习惯养成。

http：//ZenHabits.net——简单就是高效率。

http：//Lifehack.org——最大的高效率网站之一。

http：//PickTheBrain.com——高效率和动机。

http：//StevePavlina.com——个人发展网站。

高效率书籍：

Getting Things Done（David Allen的经典）

The Power of Full Engagement（能量管理）

Zen To Done（讲述如何做事，强调的是慢慢养成良好的习惯）

How to Be a Straight-A Student & *How to Win at College*（两本经典之作，帮助你变得高效率，应付各种学习上的挑战，必读之作）

记忆的二八法则

前些日子，读到一本书，书名叫《判断学》。书的封底这样写道，“在这浮躁、繁杂、充满诱惑的快餐时代”，“《判断学》，一本书写了26年！”看起来非常震撼对不对？究竟是什么样的一本书能让作者耗时26年才写完？带着这份好奇，我通读过整本书之后，思来想去，发现这本写了“26年”的书，想要说明的核心内容无非就是一点：

关于记忆，识记20%，回忆80%，效果最好。

我们都知道，记忆保持受到内容难度、时间间隔长短、识记难度、知识经验、需要、兴趣、兴奋点、引导词、回忆的次数等因素的影响。美国著名教育学家盖兹（A.I.Gates）对此进行过实验研究，研究发现，人的回忆次数越多，记忆就越牢固。同时他还指出，识记的次数最好与回忆的次数保持一定的比例关系，他认为这一比例关系最好是识记占20%，回忆占80%。

除此之外，1913年英国心理学家巴拉德（P.B.Ballard）也通过对儿童记忆力的临床研究发现一种奇特现象，即对记忆内容的保持存在一种记忆恢复现象，儿童最好的回忆成绩不是在识记当时，而是在识记后的二至三天，其内容保持量比识记当时要高出6%~9%。

由此我们发现，盖兹和巴拉德的研究恰好印证了《判断学》这本书所坚持的观点：关于记忆，识记20%，回忆80%，效果最好。二八法则竟然同样适用于我们人类的记忆力开发，这着实让人意想不到。

二八法则

“二八法则”最初是一个管理学概念。1897年，意大利经济学家帕累托在对19世纪英国人的财富和收益模式进行调研时，偶然发现了一个现象，即大部分的财富流向了少数人手里。不仅如此，他还发现某一族群占总人口数的百分比和他们所享有的总收入之间有一种微妙的关系。接着他对不同时期、不同国度进行了调查，发现这些规律具有惊人的一致性，无论是早期还是现在，无论是英国、法国、美国还是欧洲、亚洲的其他国家，这种微妙关系一再出现，并且还在一定程度上呈现出一种稳定的关系。

在观察和分析的基础上，帕累托总结出了一个原则，这就是“二八法则”，它一直都是管理学及其他领域中最伟大的真理之一：20%的人掌握了80%的财富；20%最重要的工作决定了80%的价值；一个秘书20%的工作会占据他80%的时间；最重要的往往只占据20%，其余80%则占据次要地位；社会调研的人，会发现20%的罪犯的罪行占所有犯罪行为的80%；20%的超速者，引起了80%的交通事故；20%的已婚者，占离婚人口的80%（因为那些不断离婚的人，扭曲了统计数字）。虽然20%和80%的数据未必就是确定的，这些数据会在一定程度上出现波动，但不会相差太远。

“二八法则”指出了一个基本原则，只要依据这个原则做事，那么很多问题就能得到更好的解决。其中最重要的就是提醒我们把握20%的重点，只有把握住这个重点，才能够有效地控制住大局，从而使我们避免在一些无足轻重的小事情上浪费太多的精力和时间，避免我们在全面行动中面临更加复杂的情况。

《判断学》这本书把“识记”和“回忆”相结合并同二八法则

联系在一起，说白了方法并不独特，却往往因为人们对追求高效记忆方法的无意识而被忽略，从而产生恶性循环，无法实现高效的记忆目标。

这个方法具体怎么操作呢？举个例子来说就比较清楚了。我们在读大学的时候，很多门类的考试中都会有这样一个题型——名词解释。在我读书的时候，这是最让我和同学头痛的题型，考卷上只考五道，可却需要把讲义上的二十道题一字不差地通通背下来才能通过。怎么记忆呢？最直接的方法就是死记硬背了，一题一题地背下去，循环往复。这样的方法导致我们背了后面的就记不住前面的，总是直到考试前一刻都还没有自信，还在捧着讲义嘴里不停念叨。现在我们用记忆的二八法则来尝试背诵，应该怎么做呢？

第一步，需要我们系统浏览一遍所需记忆的内容。

第二步，放下手中有关记忆内容的资料，在脑海中完整回忆所需记忆的内容。如果能够完整回忆，则连续回忆四遍。如果你习惯在回忆过程中出声念叨出来，那就更好了，这就又开发了听觉对记忆的辅助功能，往往能事半功倍；但如果你发现现在并不能完整回忆，回忆过程中存在不确定内容或内容空白，不要着急，现在你需要返回第一步，重新进行浏览识记，并循环往复，直至达到记忆目标。

是不是并不困难？这可是我以自己的亲身经验和《判断学》作者的经验分享给你的，简单易行且牢固高效的记忆方法，我把它叫作“记忆的二八法则”。千万不要小看二八法则，它无时无刻不潜藏在日常生活中，默默地发挥着巨大作用。

在记忆的二八法则中，占比80%的回忆是这一记忆法能否有效帮助记忆的重中之重。针对回忆部分，我再向亲爱的读者推荐两个久负盛名并且真实有效的实践方法吧，不妨配合二八法则一块试试看。

回忆与费曼技巧

费曼技巧这个概念，源于诺贝尔物理学奖获得者理查德·费曼（Richard Feynman）。在他的自传里，他提到曾纠结于某篇艰深的研究论文。他的办法是，仔细审阅这篇论文的辅助材料（supporting material），直到他掌握了相关的知识基础、足以理解其中的艰深想法为止。费曼技巧，亦同此理。

在记忆或回忆一个知识点、一道题目、一篇文章的时候，同样也像对付一个知识枝节繁杂如发丝、富有内涵的想法，分而化之，划分为多个小知识块，再逐个对付，就像是构建记忆的墙面，你终能用一个又一个的小知识块填补所有的知识缺口。

回忆与艾宾浩斯曲线

艾宾浩斯曲线，想必每个人都听说过了，但具体说的是什么却不是每个人都能答得出来的。什么是艾宾浩斯曲线呢？这是德国著名心理学家艾宾浩斯提出来的一种揭示遗忘规律的曲线，它告诉人们在学习中的遗忘是有规律的，遗忘的进程很快，并且先快后慢。信息输入大脑后，遗忘也就随之开始了。遗忘率随时间的流逝而先快后慢，特别是在刚刚识记的短时间里，遗忘最快。遵循艾宾浩斯遗忘曲线所揭示的记忆规律，对所学知识和记忆效果及时进行复习和自测是艾宾浩斯曲线的主要应用方式。艾宾浩斯记忆法也是遗忘曲线：一个小时后就会遗忘；在一个小时内回想就可以记住那个东西；最好一天之后再回想；三天之后再回想就可以了。

这么看来，艾宾浩斯曲线是不是和本文介绍的记忆的二八法则殊途同归呢？

哪一种方法是你用起来最便捷舒适的？怎么搭配才能让你记忆得更加快速高效？实践是检验真理的唯一标准，快来试试吧。

在实践中，你要不断优化你的记忆方式

1.实践中感知情绪的影响。

◆ 建议：心情好的时候记忆比较好。不要在分手失恋的当口

去记忆，虽然很解气，但是记忆力效果不见得好，别以为每个人失恋都能够像我一样的好心情。

2.实践中感知能量的影响。

◆ 建议：精力充沛的时候记忆比较好。在考试期间最好不要通宵打游戏，那样很消耗能量。虽然你白天还是看到书就背，你的样子只是看起来很奋斗很努力，但不见得能够创造小奇迹。

3.识记/背诵：150%最好。

◆ 这个150%就如二八法则一样，未必就是确定的，在不同状况下也会出现波动，但不会相差太远。你要切记过犹不及，人对记忆材料过度学习到达150%最为合适，过多反而并无助益。

4.最前和最后记得最清楚。

◆ 建议：重要的内容安排在最前和最后记忆比较好。

高强度用脑记忆法

每一个完整的句子都存在一定的表达意义，单凭这一点，它已经为我们的记忆任务提供了极高的效率。

关于如何成为记忆高手这个问题，在我之前已经有无数人作答了，相信在我之后依旧还有无数人作答，但这并不妨碍我向你讲讲我的故事和我的方法。

我不知道你是否也会遇到这种情况。读一本书，纯粹出于对文字本身的喜爱，就会想要记住其中的精彩片段。我就经常会有这样的体会。有这样一段话，出自我最喜欢的一本书，它这样写道："她乳白色发光的膝盖会开始一次小心翼翼的旅行；有时，别的小孩们建筑的堡垒，能完全掩藏我们摩挲彼此咸腥的嘴唇；这种不完全的接触把我们健康却毫无经验的稚嫩身体趋向滚怒的状态，即使在冰凉的湖水中，我们仍然互相紧拉着手，不能解脱……”

我第一次阅读到这段文字的时候就有一种强烈的想要记住整本书的欲望，我认为这是纯粹的文字之美的吸引，喜爱它，并记住它。为此，我陆陆续续地尝试了很多记忆的方法，诸如小时候老师带着背诵古诗、课文时那样的死记硬背，又或是在纸上反复抄写，等等，总是感觉吃力不讨好，稍微做几遍，就开始注意力不集中了。半天记不住，第二天还往往会哑着嗓子，难受极了。因为之前的方法使得记忆的效果太不尽如人意，故而记忆这本书的计划就几乎是无限期地搁置了。

记忆对人们来说，总是一个大难题，以至于我们总是习惯以崇拜的眼光去看待身边那些记忆力超群的人，认为他们天生聪明，资质非凡。是的，我不否认他们的确聪明，但这聪明绝非天赋，而全赖于他们总是能快人一步地找到最适合自己的学习和记忆的方法。

不久之前，我也找到了一个靠谱的记忆方法，出于对这个方法的信任，让我有信心重新拿起我最爱的文字实践背诵，而实践也更让我有底气把这个方法进行分享。

这个记忆方法，从本质上讲，是一种高度用脑的记忆方法，我把它叫作高强度用脑记忆法。

如何使用高强度用脑记忆法

1.把需要背诵的文本隔字抠掉，以×取代，形成残文。如：苏东坡——苏×坡。

2.根据原文通读残文。如残文是：苏×坡，因为你看过原文“苏东坡”，这个时候你自然记得那个空是一个“东”字，而若你暂时忘记了这个“东”字，你可以通过联系前后的“苏”和“坡”，看看能不能想出来这个空是什么。

想不出来没有关系，你这时可以去看原文，或许才惊讶地发现，原来就是一个“东”啊！我们总是能够记住那些在我们思考过后，震惊我们的东西——这是人的记忆规律所决定的。

3.减少参照原文的次数，继续通读。在通读的基础上丢掉原文，请多读几遍，读得越顺越好。

4.尝试背诵。这时候我们说，只要在参考原文有限次数的提示之下，你可能已经能背出原文了；之后，你无须提示，就可以完整背诵出原文了。

就是这么简单！

为什么高强度用脑记忆法能提高记忆效率呢？

这种高强度用脑的记忆方式，它的原理在于：你填出残文句子中的每一个空之前，会尽可能地根据空格前后的字，联想看看能不能填出来，如果能填出来，说明这地方你已经记住了；如果填不出来，那就需要先思考一番再去看原文，这样有针对性地又加深了一遍记忆，当你看原文看到那个字，你恍然大悟的那一刻，“原来是这个字啊！”此时，这个字对你来说印象已经十分深刻——这就是这个记忆方法技巧的核心。

从认知心理学角度看——你的脑力用在什么地方，你的记忆成效就在什么地方。高强度的脑力使用，使得字与字之间建立起了高强度的联想式连接。

这种隔字填空的做法，实际是建立了一个细微到具体每一个字上的反馈系统，加强了实践性，提高了反馈与刺激强度，类似于不断地做题，然后知道结果，实时反馈，一步步达成精深练习、准确记忆的目的。

高强度用脑记忆法的适用范围

依照我的个人实践经验，收效最为明显的主要有：

◆学生时代所要求背诵的课文、古诗词、俗语，乃至英文课文和例句；

◆诗歌和歌词；

◆近现代散文、“诗词风”美文；

◆法律条文；

◆学科的专业术语和专业概念。

由于“辅助、诱导思考、调动大脑”的记忆方式对记忆效率提升的效果是明显的，记忆时间维持也能相对较长，大大减少了朗读的次数，因此还保护了嗓子；并且对背诵之后的复习效果更加明显，只需要再去通读一两遍残文，就可以达到有效复习的目的。

但是，或许你已经发现，我所推荐的高强度用脑记忆法的适用范围局限在对短篇幅内容的记忆，那么对长篇幅内容的记忆，这个方法是不是就没有用了呢？

坦白说，这个问题我也仔细地思考过，发现对诸如政治、历史等长篇幅内容的记忆上，全盘套用上述方法确实是事倍功半。究其原因，我发现问题并不是出自方法本身，而是因为日常生活中我们遇到的需要记忆的长篇幅内容或学科对记忆的要求与高强度用脑思考法的要求不匹配，这说明什么呢？这说明，诸如政治、历史等长篇幅内容记忆侧重于理解记忆，而高强度用脑记忆法则是专注于精准记忆。

高强度用脑记忆法讲究“关联性是有效背诵的基础”，一旦投入背诵，就会要求你用脑力去填补字与字之间的空缺，精确到每一个字。这符合短篇幅内容精确背诵的要求，而不符合长篇内容理解背诵的要求。

那么，高强度用脑记忆法对处理长篇幅内容背诵来说就没有办法了吗？当然不是。

高强度用脑记忆法和长篇幅内容的记忆

针对长篇幅内容的理解性记忆，我们千万不能忘记的是这些学科、这些内容对记忆的最本质要求，是对关键词、关键点的记忆。因此在记忆过程中，你需要做的就是把每一个长篇幅内容转化为一个或多个短篇幅的精简版，再尝试使用高强度用脑记忆法进行记忆就可以了。

你需要做的，无非就是：

1.提炼出重点内容；

2.压缩、提炼关键词；

3.使用高强度用脑记忆法指导记忆。

至此，可以说对上述涉及的记忆任务，使用高强度用脑记忆法可以使大部分的记忆困难迎刃而解了。

高强度用脑记忆法的技术攻坚

如果看到这里，你已经开始实践这个方法了，我猜你一定在具体操作过程中遇到了这样的麻烦，它不是很关键却真的琐碎得让人抓狂，那就是——抠字麻烦。

你不要着急，这个问题我就知道你会遇到。为解决这个烦琐的流程，程序员@自定义同学英勇地扛起了科技大旗，为害怕麻烦的你我提供了便捷的技术支持。

现在，请你打开微信公众号——进入【白诗诗】公众号主屏。

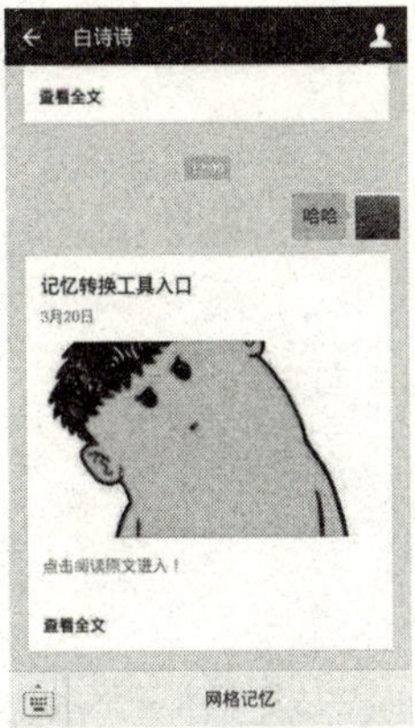

点击“网格记忆”——进入高强度用脑记忆法记忆转换页面，在空白区域，粘贴你所需记忆的文本，就可以得到系统自动帮你抠好的残文，并且支持多语种选择，快来试试看吧。

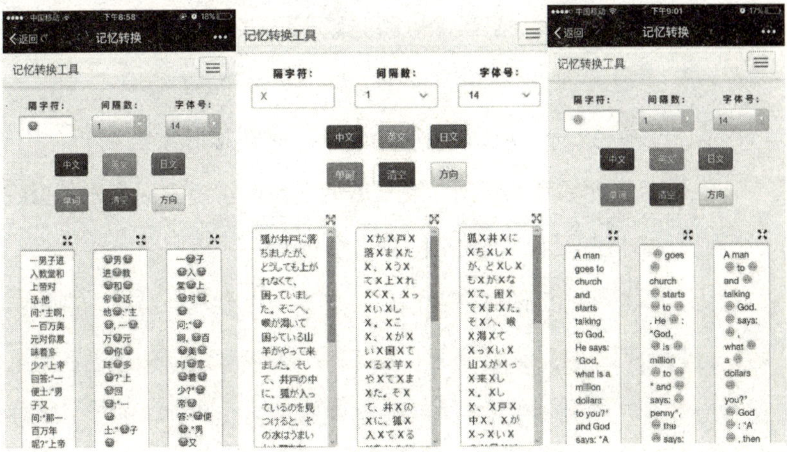

中文　　　　日文　　　　英文

音频辅助记忆法

这是一个我能告诉你的最野蛮、最不用动脑的记忆方法。

第一步：找一个可以开声朗诵、不用顾忌形象的场所

最好是长期稳定的场所，现实的地点包括学校的后花园、居民的阳台、城中的公园、流水的河边（推荐）……

如果你在背诵的时候还在担心，这么大声会不会被别人说啊；哇，好丢脸啊；被那人看到了，脸好烫……我可以明确地告诉你，这些心理会在不知不觉中消耗你很多注意力，会让你一而再，再而三地分心。

一旦你消除了最开始的紧张害羞感，并且依旧谨记你的目的就是为了把书完整地背出来，那么进入专注忘我的记忆状态的前提条件就满足了。

第二步：确认背诵内容的音频资料

如果你要背诵的内容是英文课文——我的学生时代的英文课本正文都是会配有相应录音磁带的，这样直接使用就行，而现在随着科技日新月异的发展，早就不需要那么烦琐了，一个手机就能解决绝大多数的问题，你需要的是确认你所需要记忆的内容的音频形式是否已成功下载。

如果你要背的是政治、历史、文言文、诗歌等这类音频读物普及力度较小的科目，有些内容甚至并没有音频版本，那么就需要你在准备过程中自行录音完成了，这个录制过程要求你一定要发音清晰、吐字准确地朗读内容。

第三步：正式进入音频辅助记忆状态

第一回合：熟读记忆内容

在这一阶段，要做的就是听清楚正确的发音，然后跟读，最好保证语气语调咬字和播放内容一个节奏一个模样。千万注意，要读对读熟练每一个句子，要是难一点的句子一次读不熟，那就反复听，读熟它，然后再跟读下一句……这一阶段要求，整篇文章不仅仅要读熟，而且最为重要的是跟读的每一个句子都要做到发音和录音播放的内容一样准确清晰。这就像大厦的地基，千万不能含糊。

第二回合：正常语速播放音频，跟读全文

通常情况下，保持正常语速跟读音频内容两到三次，就基本可以顺利地将上一回合熟读的单一语句连接成文了。

第三回合：1.1倍语速加快播放音频，跟读全文

这一阶段，同样不需要你刻意记忆，只需要不停顿地跟读——直到你发现第一次跟不上，这时立刻暂停音频播放，返回第一回合，把跟丢的句子重新跟读。再次读熟后重新进行本回合，继续不停顿地跟读，直到你跟上了1.1倍的播放速度，且跟读顺畅、不停顿，即为合格。

第四回合：1.2倍语速加快播放音频，跟读全文

方法和要求同第三回合别无二致。

第五回合：1.3倍语速加快播放音频，跟读全文

方法和要求同第三回合别无二致。

第四步：终极背诵检验

在尝试背诵之前，你还需要做一些准备工作，不要心急。

1.抄一些词：在纸上写出每一个句子的第一个单词，如果你背中文，那就是中文字。

2.尝试背诵一个句子：看一个单词，试着回忆，能不能背诵出

一个句子。在经历了音频辅助记忆之后，最初你认为根本无法背诵的内容，现在你会神奇地发现，只要给你第一个单词，回忆到第二遍，你就可以顺顺利利地背出来了。如果偶有卡顿，那就翻开课本去看一眼，直到你看见句首的一个单词或者中文字，就能脱口而出一大串完整句子来。

3.尝试背诵一个段落：突破了句子关卡，现在你需要把书合上，试着回忆一个段落里面的每一个句首词汇或者中文字，挑出来写在一张纸上，就像思维导图那样，画成一个圈。根据纸上的这些词的提醒，试着连贯地背诵出段落。然后，逐渐划掉一些词，不断尝试，直至最后只剩下第一个句子的词或者中文字的提示，就可以背出来整个段落。

4.尝试背诵课文全文：像背诵段落那样，合上书，试着回忆每一个段落的第一个单词或者中文字，并尝试背诵全篇课文。过程中同样是要求逐渐地划掉一些词，直至最后剩下课文的第一个段落的第一个单词或者中文字，就可以背出全篇课文来。

5.联系一个题目：这是最后一步，也是最容易的一步。困难的部分你已经一一突破，现在你只需锦上添花般地将标题和内容相联结，使它们重新回归成整体。完成了这一步，你这次的背诵记忆就实现了全部目标。

笨人笨在哪里

总有人觉得落后于人是因为自己天生愚笨，也总有人不厌其烦地以此来告慰自己的失败。除去生理缺陷，一项技能，为什么有的人很快就能掌握，有的人花费同样的精力却很难达到？所谓笨人，究竟笨在哪里？

我小学没学好，尤其英语没学好。我还记得四年级的时候，班上一个叫刘翔（真名，印象特深）的同学被抽查，吞吞吐吐地背出了完整的26个英文字母，我那个时候都觉得惊讶，可想而知我的状态差到什么程度。

小学四年级到六年级，我对英语毫无信心，一直是处在想要学但又自知学不会的纠结矛盾心理之中，直到初中才发生了转机，而且是大逆转。

因为初一的时候我才发现英语可以重新学习了，而且从ABC开始，我感觉老天给了我第二次机会。那时候我英语学得很积极，刚拿到新书还没开课就提前背了26个字母，对于那时的我来说，相较于小学时对英语害怕得畏首畏尾，已经算得上是一次巨大的超越了。

可惜好景不长，虽然中学英语的课程是重新学，但进度要比小学快很多。以我26个字母的认知水平，尽管上课聚精会神，努力达到最好的状态，可还是听不懂课，这再一次打击了我学好英语的信心。没有付出过努力，所以没学好，还有个借口，可尽了自己最大的努力依旧学不好，那除了感觉自己笨以外，我想不到别的什么原因了。因此没多久，我又一次黯然放弃英语了。

可是一个偶然的契机突然出现，那应该是初一的第二个学期，有一次英语老师上课之前突击检查大家有没有预习当天要学的课文，大家都你看我我看你，所有人都把老师布置的“口头作业”当作了耳边风，没人吱声。

老师越问越气，从教室后排到前排，挨个不吭声地都站着。轮到我的时候，我也没说有没有预习，只是吞吞吐吐地背诵一些英文单词。

一个教室有一半同学在看我，有些在翻书，他们使劲听半天才发现从我口里“憋”出的这一顿一顿的蹩脚单词，居然就是老师布置的预习内容。

虽然我背得蹩脚、不通顺，但是老师并没有喊停。那一节课我至今记忆深刻，半个教室的人因为没有预习英文课文而被罚站了一节课，而我硬生生把一篇几百字的英文课文背了足足半节课的时间。

那是我背过的最慢的一次课文，可让我当晚兴奋得睡不着觉。想到白天有那么多人就那么看着我，隐约地有一份小小的自豪开始萌芽。而这样意想不到的体验完全只是因为前一天晚上，出于无聊，我恰好去背了那篇课文，其实我也不记得有这个“口头作业”的。

总之，纵使事发偶然，但依旧鼓舞了我学习英语的信心，一改往日浑浑噩噩的状态。通过这件事，基于这样的经验，让我觉得似乎人笨一点也是没有关系的，笨人就用笨人的处理办法。在学习英文的过程里，总是有人告诉我死记硬背简直就是笨得不能再笨的办法——死板、不灵活……但从那堂课之后，我却在心底里根植了对背诵的热爱。

每天放学一回家，我就拿着英语书和录音机穿过夏天的油菜花或者冬天充满稻秆的田地，在河边跟着录音机一句一句地朗读英文，读完就跟着背，背完一句连一句，直到能够背完整篇课文，直到速度能够和录音的1.2倍语速一样快……

那之后，浙教版的每一篇课文几乎都经历了这样的过程，甚至后来背上瘾了，有了点强迫症的感觉，只要是正文，我不消灭它就感觉不舒服。因此，我很笨，笨到不注重什么语法，就只是背，背完了初中英语三年所有的课文。

这带给我的收获是中考英语满分成绩，高中英语学习基本不占用课外时间，我所做的也只是为了增加词汇量额外背了一本不大厚的词典。

自从上了高中，就再没有人说我在英语学习上笨了。可我知道自己原本是被认为笨的，我也坦言自己的确不聪明，可通过我笨拙的努力所达到的能力已经足以让我安心把“笨”这个词埋藏在心底，也足以让我可以自嘲“其实我下的是笨功夫”而被人认为是谦虚。在学习英语这个漫长而又艰难的过程中，笨拙却努力的我发现了一个又一个聪明的办法，如何更好地记忆单词，如何更好地理解课文，我甚至慢慢开始向别人传授经验，被别人夸奖聪明，但我依旧清楚地知道，这一切都源于最初的那一点微小的笨拙的努力。

所以当你问我笨人笨在哪里？我没有办法回答这个问题，我是相信这个世界上的确存在聪明的人和异常聪明的人以及天才的，但从我经历的角度以及别人对我看法的改观，我又清楚地知道，绝大多数人的笨拙并不是真实的，可能只是不够自信、不够努力，又或者只是还没有学会一个更适合自己的学习方法罢了。只要再往前一步，燕雀就有可能成为别人眼中的鸿鹄。但这最重要的一步，必须要自己一个人走。

“笨”从来就不可怕，可怕的是始终安于笨拙。你只要再多努力几次，突破了自己的知识瓶颈，回过头来才能看清自己原来的“笨”，才能深切地感受到或许你以为聪明的别人也不一定如你所见的那么聪明。

第五章

立即行动，取得最显著的成效

下决心做一件事情并没有必要，想到就做好了，不必费力气消耗能量下决心。

别人在虚度时光，我们为什么要努力学习？

文章的开头先送你五句话，本文将围绕这五句话展开：

–The 5 × 5 RULE

a.You're the average of the 5 people you spend time with.

b.You're the average of the 5 thoughts you most have.

c.You're the average of the 5 types of food you eat.

d.You’re the average of the 5 things you are most grateful for.

e.You’re the average of the 5 things you are reading today.

这五句话说明了什么呢？

这五句话只说了一个道理：环境很重要！

你能改变你的环境吗？

a.能。不管你动用了什么资源、背景、关系、装备、武装、手段、招数、阴谋、暗器……阴险狡诈，奇谋暗断；抑或是矛、锤、弓、弩、铳、鞭、锏、剑、链、斧、钺、戈……十八般武艺，总之，你就是有本事换到了一个新环境，周围同学们个个“天天向上”——自此，妈妈不用担心你的学习，自然，我也不瞎操心了。此类情形不提。

b.环境改变不了。

改变不了，怎么办？

自我安慰A：“既然无法逃避生活的磨难，那就享受这个过程。”这么疯狂？要真是这样，那爽歪歪了，享受就是了，还来问这个问题干吗？让我们为你庆祝吗？

自我安慰B：“天将降大任于斯人也，必先苦其心志，劳其筋骨，饿其体肤……”老天要训练你？……那接受训练就是了，或许这是老天别出心裁地帮你蜕变呢！

可我知道。

你并不甘心。

一颗凌云壮志的心被环境压抑封锁，其实除了悲哀，还是可以隐忍自救的，我给这个方法取一个天王盖地虎一般的霸气名字：海盗崛起法。

海盗崛起法

第一式：观念

主体是一个人：你。

观念：虽然追求成功并不是什么值得炫耀的情怀，而且我们也未必能够从那些成功者身上欣赏到什么，但是，青年人如果能够从老一辈人的经验中获取一点向上的精神，那还是不错的。

对于“你能够取得成功”这个意念而言，那些先驱的作用也仅限于提供乐观精神罢了。我不推荐你去读他们的传记，搬出他们的成功品质，我想说的是：励志要科学。

一个人成功到底需要什么素质，名人自传里面写的那些未必都经得起时间事实的考验。

我以前崇拜名人，奉他们的话为金科玉律，百般尊崇。但有一次，我看热极一时的某个系列节目，产生两点强烈的既视冲击，自此我对这些所谓名人榜样的失望便如决堤的黄河，一发而不可收拾，我开始怀疑：

1.这些出类拔萃的企业家，未必个个绝顶聪明，有时简直榆木一般。

2.他们对于一件事情，居然总是有对立的观点，这点很气人。

我一直认为成功人士目光高远，英雄所见略同，那么在公共的关键问题上取得一致的意见是显而易见的事情，因为他们正是靠着一次次对于实质问题的准确把握和决策，才能走到今天这令人瞩目的成功地步。然而，这些大佬，对于一件事情所做的判断居然产生明显的对立面，实在让人大跌眼镜。

好比面对某一股票，有大佬说它涨，二大佬说跌……然而无论是说涨还是说跌的都是这些“成功人士”呀！A君说人20岁应该怎么样，你深信；B君有一天也告诉你20岁应当怎样，你也深信。可问题就出在，这两者说的截然相反——这下该是你崩溃了，他们都是值得信赖的成功人士，你该信谁？

那是我第一次发现：成功传记不足信。

“成功的人都是一样的，失败的人各有不同……”这真是一句害人不浅的话！

后来，当我看得多了，自己人生的阅历也丰富了，我开始明白，成功源于一个同样重要的因素——自控力。

就像是如果你想知道哪些是导致成功的品质，只需要找到成功者身上普遍存在，而失败者身上不存在的品质。那成功者都有哪些共有的品质呢？一份关于学生成绩的实验统计显示，能让你在学习上获得成功的不是积极向上、面带微笑、长得帅气、幽默、大方、有魅力……而是自控力。

能够在上课时间去上课，该做作业时就做作业，不该玩手机时不玩手机……的人，他们成绩普遍优于没有自控力的学生。在大学，预测一个人能否取得好成绩，看他的自控力比看以往的学习成绩是更好的指标。

所以，你需要提高自控力。

自控力与生物因素

人体能量是保证自控力的根本。

ATP

在生物化学中，三磷酸腺苷（Adenosine triphosphate，ATP）是一种核苷酸（又叫腺苷三磷酸），作为细胞内能量传递的“分子通货”，储存和传递化学能。ATP在核酸合成中也具有重要作用。ATP是三磷酸腺苷的英文名称缩写。ATP分子的结构可以简写成A-P~P~P，其中A代表腺苷，P代表磷酸基团，~代表一种特殊的化学键，叫作高能磷酸键。高能磷酸键断裂时，大量的能量会释放出来。ATP可以水解，这实际上是指ATP分子中高能磷酸键的水解。高能磷酸键水解时释放的能量多达30.54kJ/mol，所以说ATP是细胞内一种高能磷酸化合物。因其是能量“携带”和“转运”者，生物学家形象地称ATP为“能量通货”。

人体来源：葡萄糖

具体做法：补充葡萄糖

工作加班回家的夫妻更可能吵架，而早下班的情况却不同。不是他们“脾气”不好，而是因为加班这件事情消耗了他们部分的意志力，回家以后就容易失控了。

所以，少年，吃好三餐对自控力来说，很重要！

第二式：形成微学习中心

主体是两个人：你和另一位志同道合的伙伴。

我知道，你所处的环境即便再差，也能够在适当的范围之内找到一个同你一样为了学习心有愤愤然的家伙的。

还是有点注意事项要嘱托的。

首先，我说的“适当范围”，是指如果你在寝室里面找不到这样的人，那么就到隔壁寝室里找，到整个班级里找、整个年级里找……遵从就近原则，从近处开始找起来。

其次，不要在纯粹地寻找学习伙伴的过程里面添加你个人私欲，比如希望对方是你的学习伙伴又做你的女朋友。多了一个感情因素，那你们学习的变量就不可同日而语了。即便是从单纯的成功率来看，找到一个学习伙伴，成功率0.1；100个人里面才找到一个合适的女朋友，成功率是0.01——同时完成你的二重标准成功率为0.001，千分之一啊，你要专注，不能太贪心。

你要相信你周围一定有这样的人！找找看吧。

小贴士：如何确定你选择的伙伴

你私底下偷偷摸摸地搞会了一个比较难的题目，之后，你拿着该题过去和你的目标学伴说：这题，想请教你，你会吗？教教我！

她说：“呃……让我想想。”你就让她想！

她会了，说明她有实力，让她教你，下次问的问题难度增加；要是她的解法和你预备的解法不同，你说，在你考虑的时候，我想到另一种思路，我写出来，你看看，不知道可以不。于是，你列出你的解题思路，她怎么都会对你刮目相看的。

要是半天，她还是苦恼的样子，你告诉她："Hey，这个题型很重要。你在思考的时候，我突然想到了一个解法，让我写出来，你看看，不知道可行不？！好吗？"于是，你展示你准备的答案！

这种关系就是建立在，你要把你觉得理解比我好的题目教会我，同样地，我也是！

只有达成这种共识，你们才能形成合力！

通常情况下智力水平普普通通的人，自学掌握一道题目合适的时间需要一小时，但因他理清了题目关节后，把他人教会只需要半小时。

礼尚往来，那个人也用同样的做法反哺你——算下来，你原本需要20小时掌握20道题，现在彼此都只需要10+10×0.5=15小时了。掌握每题需要的时间会随着精诚互助的对象之增加而趋近0.5小时——即原本掌握一个题目的时间的一半——现在知道什么叫事半功倍了吧！数据第一次这么清晰地告诉你，这就是事半功倍啊！原来可以长这个模样！你看看，要是如此长期积累，你们合作的效果会多么惊人呀！

更神奇的还有吗？

还有！当你掌握了这个方法，你合作相互教授的对象可以不仅仅是一个，而是两个、三个……你付出的总成本就会越来越低！

但有一个必须注意的前提，就是只有确认是真诚互助的双方，才能达到这个效果。所以，你找到他之后，你要把这个原理和他讲清楚。因为这是对双方都有益的合作。在合作之前达不成一致，或者对于共同学习目标以及合作方式含糊不清，或者碍于情面不屑于将这件事情讲清楚，那估计你们是发展不长远的！

当然，这个方法也许你才刚刚打算试试，出于对状态可控性和简单高效的考虑，我建议你，你的核心学习小组最好从两个人开始。慢慢地，当这个方法的使用在学习工作中越来越自如的时候，就可以考虑扩大合作的辐射范围了。

假设一个班级有50个人，用上面的方法，只要每个人对一个重难题研究透彻，其余49个题目就不需要自己去探索研究，而是别人来教授你……你觉得这是什么情况？

即便你完全掌握一个重难题三个小时，那么你掌握50个题目就需要150小时；你掌握一个题目，把这个题目教会别的同学需要1.5小时，当然，他们也教你，那么你掌握这50个题目需要的时间是：

3+1.5×49=76.5小时，它是50×3=150小时的二分之一，这就叫作事半功倍！

虽说一个班级全部进入如此的合作学习状态太理想，但是，通过你个人的努力，把小组从两人发展到三人应该不难的吧？找找看，或许你能找到让你意想不到的合作伙伴呢。

至此，海盗逆袭完毕！

如果你想要每天都进步

关于学习

良性树敌

大家常说敌人比朋友更诚实，那生活中经常没有敌人，怎么办？以技能指标（而不是情绪对抗）树立敌人。想提高球技？去主动挑战球场上最厉害的那个。他不搭理你？哈哈，可能你还没有资格挑战他——回去练练吧！口语？单科成绩？肌肉？……都可以！

挑战不过？更简单——回去练练再来。但记住：在技术层面而不是个人情绪上记仇，场上敌人，场下朋友。千万不要不服，然后晚上去捅人家刀子！

碎片化知识集中阅读

《时代周刊》的书评栏，给新书评价等级的标记方法很有意思，不是评“好、中、坏”，而是按“值得怎么读”分类，三个等级是toss（随便翻翻），skim（略读）和read（精读）。这一点，对于碎片化知识集中阅读是非常有效果的，我们姑且借来一用。我提供的具体应用做法如下。

第一步，“随便翻翻”。

这一步的关键是集中，你要选择一个集中的时间专门阅读。集中的最大好处是能比较全面地看问题，能够对某一事物有比较整体的认知，好的内容也容易突出并被认真阅读。

这一步要做的是对某个问题下的相关内容，感兴趣地收藏。只收藏不读，把内容下面的5~10个排名靠前的精选内容收藏下就差不多了。

单一观点对了解一件事物来说是不够的。所以，接着对内容提炼关键字，在网络上搜索同类型的问题。用同样的方法，在相关问题下收藏到你认为够量的内容。这一轮是海选，不必浪费过多的时间。

第二步，“略读”。

等到挑选出要读的几十条内容之后，一条一条地快速浏览。给每条内容一个极短的时间，大概扫视一遍就可以了。在这一步一定要追求快。看到真正好、值得仔细读的内容也要速读。把不好的文章点剔出你的收藏栏。完成了这一步就等于所有的鸡肋信息都被处理完毕了。

第三步，“精读”。

这些好的回答应该随便找空闲的休息时间读，可不要耽误了正事。一旦发现有的内容真的好到了必须保存的程度，推荐使用Evernote在线保存，方便日后查找。

亲自实践一万小时定律

比如，你每天用精深练习的方法练一小时翻译，5年后对这一领域小有观点不成问题。

有声书、ted

走路还想学习？——听有声书！看书眼睛累了还想继续学习？——听有声书！

食堂排队无所事事？——当然你可以搭讪，也可以看ted，我是用这些闲碎时间看的。

写作

有写作冲动？时间允许，赶紧写下来，机不可失；如果时间不允许，先在本子上写下写作大纲。

长文写作的停顿

村上春树说他在跑步时，当完成了一定量之后往往会在兴致高昂时停下来，这样他就很期待下一次的跑步，不会有厌烦感。你在写长文的时候，比如长篇小说，不要把一个故事写完才停下来，而是在你写到某处高潮时停下来。这不仅使你有继续写作的期待，而且高潮部分印象深刻，第二天容易顺着昨天的感觉流继续写下去。

把日记当作品修改

写日记用来提高写作水平？——如果你写日记是为了纪念，我没什么好说的。可有些人希望用写日记的方式来提高写作水平，我表示很怀疑你的日记能够让你的水平达到什么境界。

我支持写日记，但是，如果出于提高写作水平的目的，你还要"不断修改"——日记不要放着，思考才能进步，修改才能提高。当然，你最好留下日记原稿。

建立自己的思维清单

读一读《穷查理宝典》吧，你会和我有同样的想法的。

让自己记住一句话：在最少的时间内接受最大量的信息和训练才能爆发小宇宙。

关于做事

10分钟原则

在考虑一件事情要不要做、要怎么做的时候，先凭感觉干上10分钟。之后，遇到问题再思考怎么做，若不在状态则思考要不要继续做。我最想说的是，我亲身实践得出来的经验是，这个小习惯在一定程度上干掉了拖延症。

随时重新开启热情行动的开关

你一定也遇到过这样一类人，他们决定跑步，往往坚持一周之后，可能某一天因为一些事情的耽误而忘了这件事情，后来坚持跑步这个决定就不了了之了。很遗憾，只是因为一个偶然的停顿，热情就这样轻易地熄灭了。为了不让别人的遗憾在你身上重演，不要让昨天的懒惰成为你今天继续懒惰的理由，撒开腿就跑吧！

没有明确目标前不开始做事

随意的情况就不说了，忘记时光，享受生活。如果你是认真地要做一件事情，那么你在做这件事情之前，就得明确自己的目标。比如我去打篮球，我就会问自己：这一次打球，目标是什么？如果目标是放松心情，我就不会打得太拼以致受伤；如果是提高命中率，那我就不会群打，而是单独练习。这种做法对提高我们某一领域的专业性和专一性往往有奇效。

做事分轻重缓急

两件好事要分开说，先说小高兴的事情，再说大高兴的事情，对方会高兴两次；一件好事一件坏事，先说好事再说坏事，不要问“有一件好事一件坏事，你要先听哪一件？”你是傻瓜吗？两件坏事，先说大坏事，再说小坏事。

遇到事情先不要为结论争吵

一问：事实。

二问：你判断的依据是什么？

学会观察

与其在嘈杂声中抱怨生活，不如主动观察这些嘈杂并且记录。比如地铁广告包含很多信息，广告创意、策划、公司动态……学习到的东西，事无巨细，提笔就记。

关于工作

手写简历

第一次听到这个的时候真觉得是一个好点子！你怎么证明来公司之前干过什么？做过多少和本职位相关的事情？看过多少书？学习了什么技能？曾经解决了什么问题？

写技能日记

要记的主要包括这两点：一、今天的基本工作；二、遇到的新工作，需要学习哪些新的技能才能够胜任。后一天还包括对前一天的反馈……

以后直接拿这个去单位面试。

手机信息集中处理

如果你不想手机成瘾，请这样：将手机短信、微信、微博、邮件等社交软件的消息，固定时间集中处理，时间一到立刻放下。

自动化工作系统

这来自西方的企业过程管控思维，运用到工作上就是：把你的日常工作细化到每一步，不断调整，让它自动运行。我的意思是：让你的重复性工作自动化。

3·8工作法

能在3小时之内完成的细碎的事情，集中一起做；如果一件事情需要8小时才能做完，尽量一次性完成。

处理记录下来的想法

准备一个小本子，有想法就随时记录下来，并且定期整理这些想法，看有没有实践的可能。这些灵感的确是很珍贵的东西，但大部分人只喜欢记录下来，让它躺在那里。他们只是满足“记录”的欲望，完成“记录”的动作使得他们有成就感！但是要记住：记录是为了让大脑清空，不必再去思考前一件事情。每天有点子随时记录，但是一定要定时清空。

一分钟即刻总结

重要的课程、会议完成之后，用一分钟的时间记录重点、难点以及任务，这个过程叫作复盘。有些人完了就完了，过后想起来还要问别人到底任务是什么，让自己匆忙也给别人添了麻烦，还留下了不认真、不靠谱的坏印象，得不偿失。复盘，这真是一个很好的习惯。

经常性报告任务进展

在做项目时要经常报告进展，让你的上级知道你的难处，你的进度，即便最后完不成，上司也能够理解你，这是反映在工作本身的好处；你经常报告进展的这个行为会让上级对你印象深刻，至少他会认为你的工作态度是极为认真的。这是和营销专家孙路弘学习的。

报告要点：细节—建议—可能的结果

向上级报告信息时，要以数据和细节分析替代主观感受，让上司自己得出结论。之后，如果是关于决策问题的报告，你还要提出改善的建议，至少提两条建议让老板选择。重点是，你要给出每一个选项背后的合理预测。

一向准时完成任务，偶尔超出他人预期

这么做对方会时不时地感到惊喜。不要总是超出预期，要是你有一次没有像以往一样超出他的预期，他会想："这家伙总是超出我预期的，今天是怎么回事？"他会以为你懈怠了。

特事特办

重要的事情，给出双倍的努力，给出130%的截止完成时间，达成80%的期待就要高兴！

利用惯性

静止的倾向于静止，运动的倾向于运动——这就是惯性。找一件事情，让你2分钟就动起来，动起来就形成了惯性——寻找一个做事情的惯性和感觉流！

尽可能把任务拆分到你可以全神贯注的时间长度内

你要记住：

1.我们耗费时间不是为了完成任务，而是为了靠近目标。

2.如果你搞不定8小时以内的工作，那么也搞不定8小时外的生活。

关于梦想

了解自己

“只有你自己才最了解自己”，没错！很对！但是了解自己一直很难，不能速成。相比于自己，我们对外面的世界还只能算是知之甚少，何况外面的世界是有很多现成资料的，掌握足够多的信息，内心就会自有判断。

成为一个热血的人

当然这是一句空话，我只是在提醒自己，一旦有机会让自己热血起来就不要放弃。“静止的倾向于静止，运动的倾向于运动”——

热血的时候倾向于热血，遇到这件事情，不要放弃，它将带你飞。

尊重他人的时间

每个人的时间都很珍贵，你给人发送某些内容太长的信息或者邮件时，末尾写上“谢谢您的时间”。时间越紧张的人，越感激你尊重他的时间。

成长过程中你必须知道的那些事

我们知道自己想要什么，是驱动人生向前的动力，可是大部分人活了几十年还是不知道，浑浑噩噩地探索着，不知如何选择，也许人生就这样过了。那么成长过程中，有哪些道理是让人懂之恨晚的呢？

如何变得更聪明？

——不断对自己提问

不管是哈佛幸福课中的TAL教授提及的统计研究的支持，还是苏格拉底式的启发提问，都让我坚信，“不断提问”是一个可以让人变得更聪明的办法，也是一个能让我们走向成功的更好的办法。

关于技能的选择，首先需要考虑的是什么？

——要学“万人敌”

孙悟空三更学艺那一回，师父问他要学什么，他这不要学那不要学，菩提祖师用戒尺在他头上打了三下就离开了，后来孙悟空半夜三更时分走后门去找他，于是得神功真传。

《史记》中对项羽学艺是这样写的：项籍少时学书，不成；去学剑，又不成。项梁怒之。籍曰：“书，足以记姓名而已。剑，一人敌，不足学。学万人敌。”

学艺、技能的修炼提高，当然不单指手艺上的，比如毛泽东主席，他最厉害的是思想武器。孙悟空要学七十二变，项羽不学只一人敌的“剑”，要学万人敌。

万人敌，敌万人。我们都希望自己学到的技艺是能够以一敌十的本事，无论这本事是否惊天地，只要是人无我有就足以敌万人。那么你又拥有什么“敌万人”的本事呢？是能做出来让人人都觉得好用的高水平PPT，是能提笔千言的文案策划，还是能指点“江山”、统筹各方的卓越管理能力？

关于做事，哪些观念可以让你持续进步？

——我最喜欢的做事方法论：每一次做事都要力求最小质变

前一段时间我迷上了练字，练着练着我发现，与其用半个小时踌躇满志地写完整三张字帖，还不如用这有限的半个小时去认认真真地写三个字，只是三个字，反复写，反复写……我更能保证半个小时可以使得三个字发生最有可能的质变，却无法保证有充足的时间、足够的耐力让那三张字帖引起整体质变。

这么说，即便是我能够用五十个小时让三张字帖里所有的字发生质变，我也还是更加相信，如果换一种方式——把五十个小时分成一个又一个的三十分钟，去分别小批量地产生质变——这种把所有可控力量集中在最微小单位的高频次练习，总体进步也会比那种大块头练习得到的进步来得踏实，效果也会明显得多。

我对“量变引起质变”最喜欢的定义是，我要让我的每一次时间投入、每一分汗水，都保证能产生质变——即便是最微小的质变，我也要让它质变。打台球的时候，不是以“场”为训练单位，而是以一特定的“角度”作为训练单位，你可以先把某一个角度打到精湛、精准。如果你能够在某一特定角度练出高水准，这种“练成顶尖”的能力是可以迁移的。

就像我们身边经常会遇到的，有些学霸不仅仅学习好，其他方面也不差。有时候先让自己在某方面变得特别优秀，再把这种变得优秀的特质进行迁移，未尝不是省力的方法。

——N+1，以及迭代思维

追求完美会让进步变得举步维艰，因为完美总是无法达到的。应该追求动态的目标——进一步，更进一步，追求N+1的迭代，或者运气好，可以是N+3……

就拿写知乎答案来说，如果你要求自己完美，那么你永远都不敢发表，也就不会获得批评、改进的机会。

凡涉及技能训练的，N+1的迭代思维都值得借鉴。比如，单词书、英语书，追求难度的N+1才是最合理的进阶方式，不然为什么英语辅助学习的材料书籍那么多，可卖得最好的还是那些分等级的英语书虫系列呢。

——提前预习

有些学霸善于利用这点，这点的优越性体现在，即使这些我们眼中的学霸本身并不是特别聪明，也能够以此制造“聪明”的假象。平时主动提前预习学习内容，只留下那些需要老师讲解才会明白的地方，他们看起来上课就很轻松，挑着重点听，成绩也不错。别的学生会以为他们很聪明，但这其实可能只是一个假象，他们并不一定“聪明”，只是养成了一个学习的好习惯，以至于给了别人“聪明”的假象，但难道我们能说，他们养成了这个“提前预习”的好习惯的做法不够聪明吗？

换句话说，当别人认为你会成功，那你真的可能就会成功，大家看好你，资源就会偏向你。聪明的假象，终有一天可以把“假象”两个字去掉，变成真的聪明。

在这里，我是说，预习是一种人生态度，不仅限于学习。职场、生活……人生在哪里不是做功课啊？

——复利效应

做值得积累的事情，那你越是努力，前面积累的努力就越有意义，因为积累能产生复利效应。

改变真很难吗？

——现实惯性那么大，任何轻易的改变也许都不是真的改变

想想你今天是什么样的，时间都投入到哪里了，你做什么让你有点印象的事情了吗？在夜幕降临的时候，除了感叹一天又这样过去了，你想过明天又是另一个今天吗？后天呢？可有不满？

现实加之于人的惯性太大，也许两个月之前的你和今天的你状态相差无几，你又错过了一个可以变得更好的、足够长的周期。这意味着，不出意外的话，你接下来的两个月可能也仅此而已了，这就是现实对你的预测：运动的倾向于运动，静止的也将静止——你将来的状态由过去的惯性承接而来，你也倾向于既不满足现状又不肯下血本进行改变——除非，你现在就用力改变。

看再多“悔之恨晚”的道理又怎样？还不是为了改变。我觉得，如果你能抓住自己的痛点，抓住它就像是狗咬住骨头一样不放开，要来就来一次彻底的改变，不轻饶自己！这才好呢！

——改变，最重要的事情真的不是下决心

费尽心力下一个决心做一件事情的过程是多么痛苦，也许你要千百回地说服自己。可是这个千回百转所下的决心，有多大意

义？达到任何目标之前，真正重要的从来都不在于你有没有决心，而在于那个并不热血、需要考验耐心的漫长过程——这才是费心劳神的。所以下决心做一件事情并没有必要，想到就做好了，不必费力气消耗能量下决心。想要做成功，真正你要明白的是，心里有个底，为了达成目标需要付出多少代价，并为之甘愿付出。一切靠积累，耐心才是最重要的动力。

——改变，其实是一件很简单的事情

行事之前，你需要有全局视角，从大处着眼，行事一旦开启，你就只需要开足马力走一步，再走一步……让投入的时间和精力，切切实实地踩到点上，走一步，再走一步……

关于行动，你无须多虑

——Just do it.——你不需要烦琐的解释系统

你用炸药炸毁皇宫，化学家将这解释为化学的成功，社会学家解释为这是阶层矛盾的必然结果，阴谋家解释为这是一场王权之战……他们各有依据、内容翔实，逻辑上，他们都是对的，你相信哪一个？可事件的真相，如果只是一个疯子的偶然恶作剧所为呢？你又相信哪一个？

有志于行动的人，要谨慎对那些事后诸葛亮式知识的吸收。行动派应该做的是证明题，just do it！解释是留给别人的，去做实事，给喜欢解读的人解读吧，他们总是喜欢从各个角度发表舆论，据说这样可以锻炼大脑……

——凡事要有明确目标

这也是我不断提醒自己的，上知乎，你也要问问自己，到底是来学习还是来娱乐的。如果抱着学习的目标，那就得主动阅读、思考，而不是被各种问题牵引；如果是来娱乐的，那你就全心娱乐，珍惜自己的娱乐体验，找到那种愉悦感和分寸感，放松也是一件正事。

我不希望自己的人生像无头苍蝇，也不希望自己分分秒秒的时间流向就只是可怜的布朗运动，凡事确立明确的目标尤为重要。

布朗运动（Brownian movement）是指微小粒子表现出的无规则运动。1827年英国植物学家R.布朗在花粉颗粒的水溶液中观察到花粉不停顿地做无规则运动。进一步实验证实，不仅花粉颗粒，其他悬浮在流体中的微粒也表现出这种无规则运动，如悬浮在空气中的尘埃。后人就把这种微粒的无规则运动称之为布朗运动。布朗运动有无规则和永不停歇的特点。

——谨防变相逃避式的自我怀疑

工作和生活中，我们经常会发现，事情进展过程中的疑问，其内容对问题的解决存在不同程度的影响，比如“这里有一个数据错误，怎么消灭它”这类疑问有助于问题的解决，而“这件事的意义在哪里”这样的质疑，往往会让我们因为找不到答案而被迫停止事件的进行。但当我们选择了放弃，过后又会莫名地后悔。

后来我发现，对意义的质疑，往往只是因为遇到实际困难无法解决，压力之下产生的一种退缩、逃避性质的自我催眠。如果不能清楚地认识到这一点，就很可能掉进自我的心理诡计。

——要做第一名！

世界第二高峰是什么？相信很多人都说不出名字，我来告诉你，是乔戈里峰，海拔8611米，仅比珠穆朗玛峰低233米，我这也是上网查才知道的。

对于结果，人们往往只看第一名，加之马太效应的放大，领先者往往能随着时间线拉长而独占鳌头。这个事实规律，应该加以尽用。在相同的竞争环境下，你要争取比别人多留一口气，多坚持一会儿，超出别人哪怕一丁点儿，最终结果都会大不相同——这种额外多出的努力，会显示出超高的性价比。

“优秀”是笼统的词汇，应该在某个具体的方向上“比大伙优秀多一点点”，这样你既能够保证合群而不被排挤，也能够在正当竞争的时候，让现实规律把你的微小优势放大，再放大。

如何选择大学

◆ 选大学、专业

我不知道正不正确，但如果我可以重来，那我真的希望有人这样告诉我：

1. 首先考虑城市，最好是有地铁的城市。

2. 选自己喜欢的专业。

考前如何做准备

●临时抱佛脚往往只会换来破罐子破摔

对这一点，考过试的同学都不陌生吧！但也不全然是这样的，有的人倒是因为deadline的刺激而收获颇丰，破罐子破摔的往往是那些自认为不怎么“聪明”的同学，为什么会这样呢？

这是因为：

每个人的学习类型是不一样的

有人是突击型选手，期末搞一搞就能过；有些是渐进型选手，更适合漫长的成长，要长时间地积累消化和融会，力量才能得以夯实，而临时突击，对他们效果甚微……所以，大学里面期末考试月，选择一起突击的那些人，有一部分注定是要倒霉的。因为，如果你没有意识到自己的学习类型，那对于渐进型选手来说，真的很盲目。

●期末成绩往往由最后的两三周决定，但决定你和你同学之间差距的，往往是剩下的十七八周

大学的学习，依靠勤奋的同学最终结果可能更吃香，尽管那些靠聪明就可以刷到不错分数的同学也很令人羡慕，但他们缺少积累，单靠聪明就行之不远。在真正的人生竞争中，渐进型选手人生自有力量。

在大学这个赛场上，我们的规则其实不是“跑1000米谁用时最少谁获胜”，而是“在相同4年的时间里，谁跑得远，谁赢”！终点并不重要，重要的是走得“更远”。

该不该选择考研

——不要只是因为逃避工作而选择考研

不要因为别人选择考研你就跟风选择考研。我想很多人绝对是这样的，我自己身边就有不少这样的例子。为什么我们同坐在教室里，大家都不怎么认真听课，你低下头也不是因为老师讲得太浅而自己研究知识，你把书翻来翻去不知道干什么，手机搞来搞去一堂课就没了。你既然没有那么热爱知识，你考研做什么？

考研这件事情值得你自己仔细、认真地思考。

关于技能

——一技傍身，再谈软实力：修炼你的核心竞争力

这个世界能贴上优秀标签的人很多，但常见的优秀并不能体现出稀缺性。比如学校里那些老师眼中的好学生，他们的“优秀”几乎可以用“箩筐数”计量，比如“一箩筐”的各类奖状，人们对他们的印象也是“一箩筐”的好，从小成绩优异、遵纪守法……但是这些优秀的品质在面临实际职场竞争的时候，效力往往就被淡化了。如果你没有不可替代的核心竞争力，就难以脱颖而出。

学校社团热衷于提升软实力——“演讲力”“沟通力”“说服力”……有这些都很好，但若首先没有一项硬技能傍身，这些软实力就等于空架子，无所附庸。

比如笼统地说“写作能力”这一项，如果你希望以它作为生产力，就不要连个文案都写不好。很多人只是限于书写碎碎念的得意，距离有力量的生产力还欠太多的提升。

——私人建议：写字，那就用你们学校最好的笔吧

你一年其实是用不了几支笔的，可以对自己大方点。用好一点的笔容易让你学习得更开心一点。

●培养一点审美。艺术是拯救人类心灵的代码。

●有一件事，单身者最好不要太早去做：研究恋爱。

还没有恋爱的你，就去研究“恋爱中，男人的核心竞争力是什么”“真正的爱是什么”。看着那些过来人的感悟，你一项一项对号入座，发现自己这欠缺那欠缺，感觉自己什么都不是，最后连恋爱的勇气都没有了。如果你想知道爱的本质是什么，为什么不去行

动呢！让你的经历告诉你，爱是什么。以你青春的无知无畏，自行研究爱情这门变幻莫测的学问，最后皓首穷经的结果也无非是获得“爱无力”的心理宣判。

关于成长，你得到的最好建议是什么？

——30岁之前，先放下不切实际的幻想

先做好手头的事情，尤其放下那些虚无缥缈的疑问，我宁可自己想想怎么推翻相对论、怎么去火星旅行，也不要终日沉溺于“人生有意义吗”的问题上而无法自拔。

保持紧迫，抢占先机

——在平地上，也要奋力奔跑

如果你是费尽心力爬上一座高山的，那么在平地的时候就应该用奔跑的方式了。在困难的处境中用困难的姿势应对，在平坦的大道上因为好走就放松了脚步，想着自己可以遇强则强，遇弱则弱，这是太多人的想法和做法，也许没什么不好，因为我不想通过过多指摘大多数人的做法来标榜独立，我倒是希望他们就这样一如既往地走下去，这样我就可以更加自在地在平地奋力奔跑。而这将会帮助我更快一步地奔向目标。

在平地上奔跑，也许你会觉得奇怪。为什么好好的路不正常走，非要跑呢？对呀，你是应该奇怪的，如果你也在平地上奔跑了，那我在平地上奔跑的相对价值也就没有了呀。

在大学里，当你看到有人在放松的时候，你得告诉自己，这是赶超他们最好的时机；当有人不假思索地去放纵和挥霍的时候，你需要知道，这又是一个和他们拉开差距的暗门通道……四年积累，不知不觉，与某些人拉开几条街可能做不到，一两条街还是很有可能的，但这已经足够了。

让生活变得有序又省力的那些小习惯

1.舍弃掉第一个选项，从第二个选项开始说起

2.设deadline？——不，设startline！

Deadline，想必大家早就听得多了，但你所不知道的是，这个所谓的“好”习惯有时也会演化出另一种变异习惯——那就是拖延。它让我们不由自主地总会把处理事情的时间拖延到deadline，而这往往就同我们最开始时设定deadline的初衷相违背了，因而我想强调startline的观念。

在理解它之前，我们先做个假设。假设你现在是一个司机，你在开快车过一个急转的弯道口的时候，你是会盯着前面的墙，还是看车前方的路？

如果你盯着前面的墙，很可能的结果就是“嘭”——撞上了，因为在你的潜意识里不经意间就把这面前的墙当作前进的目标了。

而现在这个deadline就是车前这堵“墙”，你越是盯着它看，就越被它影响，越把事情拖到deadline附近去完成，就越像盯着墙向前撞的傻瓜司机，怎么办？

我的建议在文章开篇就已经告诉你了——不是设deadline，而是设startline！设一件事情最早可以进行的时间。我们平时散漫惯了，一开始改变可能会有些艰难，不过慢慢地会养成一种习惯——就是每次有事情就恨不得尽早开始，速战速决。

3.给自己一个强迫：就是要用更高效的输入法

以前习惯了手写敲字，有一天我才发现其实语音输入效率高得多。现在我尽量地强迫自己多用语音转化输入，替代原有低效的习惯。

4.减少半途而废的事情的数量

这一点，尤其要强调“数量”一词。我们想想自己的生活，就总是容易感到不满。不想还好，一想就总会想明白，而这种明白又会加深你的痛苦——因为过去有这么多的时间黑洞，浪费在了那些当时信誓旦旦，曾经认为正确、热血、正义的事情上面。最终，在技能上少有所长，在结果上少有所成，在内在上少有深刻的沉淀。

想到英语重要，该学学吧，哦，那就学学，学到一半又发现日语好像更有意思，又跑去学日语，又学到一半，遇到瓶颈，就想着自己可能没有语言天赋，索性不了了之。又如腹肌、篮球训练计划、写作计划……总之一下子是罗列不尽的，生活中我们有太多太多半途而废的事情，也许它们比我们说的还要更加细碎，甚至都达不到罗列进文本的资格，但它们无时无刻不在组成生活。你现在也可以放下书，想想自己有没有经常无意识地就做了很多不经大脑的事情，毫无意义的事情，甚至不能够产生一丝回忆的事情……是不是，太多了？

但是，好在，做了这些太多不知不觉就中途放弃的事情，这些层次不同但数量庞大、只见头不见尾的事情，已经能让我形成一种预测能力，能清楚地看到自己的能力、自己的性格，知道什么事情有能力做到有始有终，知道什么事情能够达到爱得没完没了的程度。这么看来，这些事情也不算完全没有意义。

如果在你把健肌、英语、书法（甚至更多）一起罗列进计划的时候，想到自己以前没有一件事是彻底做到底的，那现在你就要改变一点方式，先集中做完健身再去学英语，或者反之。总之，要让你的生活不能有太多主角，不然你想干什么都不知道，想干也干不好，最后干脆什么也干不成。

人的欲望常在且持续膨胀，这世间该做的、想做的事情太多。但无论做什么，浅尝辄止都是不好的体验，既不能爱得深，也不能伤得深，最终老了连回忆都是模棱两可的。如果要改变，那就需要扔掉一些干扰项，集中精进一些。

5.必然需要面对的事情，提前做好准备

这点最近感触颇深。这“必然”分为以下两种。

●如期而至：有日期有地点。比如考试，学校的期末考试、出国的英语考试、公务员考试……凡是这些有日期的，只要定下来了，它就一定如期而临。何必在“大难临头”时急着抱佛脚呢？早点准备自得安稳，还能增加自信心。

●姗姗来迟：体现在阶段性上。这大概就如上大学的时候，你要考虑几年后是工作、考研、出国还是“家里蹲”；大概就如你谈了恋爱之后，你要考虑几年后是要结婚还是慢慢相处……这些事情不是“突然就来了”，而是它一直都在那里好好存在着，等你到了相应的阶段之后必然会面对你需要早下决定的事。

对于这个变幻莫测的世界，面临的机遇也可能无法预测，但是面临的很多压力却是可以成功预知的，毕竟有那么多的前车之鉴摆在那里。而对于这些能够成功预知的压力，能够准备，为什么不早一点准备，何必等到来的时候落个猝不及防呢？莫不是为了实现自己在沉痛中浴火重生的构想，你把这些生活压力都推延到某一时刻集中来应对吧。是的，我们生活中总会遇到这样一些人，他们会在别人热烈准备考研的时候，才迷茫要不要考研——可这个迷茫未免来得晚了些，不免让人可惜。

6.最高效的方法应该是能不做的就不做

事情做不做，从价值层面来说，先要判断它有没有价值、有没有用。对生活常见场景来说，这个判断的基础多数可以来自你过去个人的经验。

做事情最高效的不是偷懒，而是彻底不做。如何排除干扰项？如何抉择？你要知道不是只有生活空间才需要断舍离的，你的头脑更需要。

举个例子，你闲来无事，上个知乎晃晃悠悠大半天，遇到好的建议会点赞、收藏、感谢，对不合心意的回答骂骂咧咧两句。长时间来看，这似乎只是激化了你内心的烦躁，对生活和处世并无半点增益。朋友圈、微博……如是。意识到它们在过去并未给你带来多少实在价值，舍弃不玩才是最高效的玩法。

但如果在知乎、微博等平台，你并不是漫无目的地游荡，而是带着目的来的，那方式却又不同了。比如通过有意“检索”的方式来逛知乎的，就会比漫无目的地翻看有意义。形式、载体都并无绝对的好坏，只是要看和你当下的需求是否契合，如此而已。

为了想知道的事情而去检索，而不只是被动地通过别人给你推送信息。有意检索而得的信息，估计还是能够吸收一些他人的吉光片羽的思想，这些小知识片虽鸡零狗碎，但还是能够引发一些思考、一些改变。

但如果你是纯粹来玩的，上面说的都算我多嘴了。而面对这种情况，我忍不住还是要告诉你：即便是来玩的，你也要认真地玩、投入享受，明确你在玩、在娱乐，要有娱乐精神，玩也是要认真的。

因为，快乐是一件值得认真对待的事情。

7.刻意设置障碍

对于一些软件，为了防止自己使用不当，我给最常用的软件设置了锁屏。

文字密码是：有非上不可的理由吗？

登录软件的时候不专心就会输错密码，想要输对密码那就得专心。一专心，就会把这句“有非上不可的理由吗”这个问题搞清楚。通常是，清楚了自己并没有非上不可的理由，只是习惯性地想去打开那个软件而已，那我就不上了。

或者我想到，我是要去搜索某个东西的，我软件用得也更加用心。

我们现在的生活实在是太便利了，所以我们常常会深陷于这种便利之中而不自知。代价就是付出了大把大把本无须浪费的时间和精力。刻意设置一些小障碍、给自己添一些小麻烦，让这些小障碍和小麻烦像一道防火墙一样，进出总要多想想。如非必要，就放下吧。

学霸们是如何学习、工作、生活的?

1.1万小时天才理论与20小时精进

1万小时天才理论是马尔科姆·格拉德韦尔在《异类》一书中提出的，他认为“人们眼中的天才之所以卓越非凡，并非天资超人一等，而是付出了持续不断的努力。1万小时的锤炼是任何人从平凡变成世界级大师的必要条件”。他将此称为“1万小时定律”。要成为某个领域的专家，需要1万小时，按比例计算就是：如果每天工作八个小时，一周工作五天，那么成为一个领域的专家至少需要五年。这就是1万小时定律。

这就意味着如果你想要在某个知识领域成为the best of the best，你必须花至少1万小时实实在在地练习和学习才能够实现。

然而，美国的Josh Kaufman却认为1万小时的限定过于保守，提出了只需要20小时就能不错地掌握一种全新的知识和技能。他认为只要我们能在最初的20小时内熬过初学阶段的不适感和挫败感，我们其实能很轻松地掌握一个全新的领域。

我们回到自己的现实生活想一下，20个小时＝2个沉睡的夜晚＝1周娱乐时间的综合，听起来的确很不错。

2.斯科特·杨的学习法

经常看TED演讲的朋友可能已经听说过斯科特·杨（Scott Young）了，他在12个月之内，自学完成了传说中的MIT计算机科学课程表的全部33门课，从线性代数到计算理论。按照他的进度，读完一门课程大概只需要1.5个星期。这是我见过的大学生里在学习方面活得最充实的人。

关于他的学习方法，warfalcon是这样评价的：

——每天学习10小时，10天左右就要考试一次并通过，这个学习效率非常高，更不用说重复了33次。在学习一门新的知识时，短时间集中注意力不难，但持续一段时间之后，如果做不到很好的放松，只要持续两三个月就会达到一个瓶颈，理解能力和心理状态无法继续，这个瓶颈会重复出现，就像考研时很多人前几个月都能坚持下去，但到6~8个月之后就无法坚持。重复三次左右会面临一个临界点，度过之后就很容易继续了。

——刻意练习没有“寓教于乐”这个概念。曾经有个著名的小提琴家说过，如果你是练习手指，你可以练一整天；可是如果你是练习脑子，你每天能练两个小时就不错了。高手的练习每次最多1~1.5小时，每天最多4~5小时。没人受得了更多。一般女球迷可能认为贝克汉姆那样的球星很可爱，她们可能不知道的是很少有球员能完成贝克汉姆的训练强度，因为太苦了。

3.集中注意力，刻意练习

“在学习一门新的知识时短时间集中注意力不难”+“（刻意练习）高手的练习每次最多1~1.5小时，每天最多4~5小时。没人受得了更多”。结合我们20小时学一门教材的目标，得出一个结论：我们进行的不是严格意义上的刻意练习，我们的强度也没有那个国外小子那么高，而且一轮下来只要20小时，即便是用刻意练习的方式进行，也是可以接受的。学完一科，我们可以进行休整放松，不用严打紧逼。而且就我个人而言，一天高效学习时间安排在八个小时左右，是可以执行的。

但是，要保证利用好八个小时的高效时间。

4.怎样利用好自己的高效时间？

◆营造学习仪式感

人，借由仪式带来的仪式感，来给自己一种强烈的自我暗示。

这种自我暗示能够使自我变革，把自己的专注力、反应能力、运动能力迅速提升。为了保证高效时段得到利用，我曾做到把高中阶段的每一次学习当成月考甚至高考一样对待。

假如你正在准备高考，那你会提前准备什么？

物质准备：吃饱穿暖；

精神准备：考前睡眠充足；

知识储备：复习再复习。

在高考之前，脑海里，我们已经把在考场上的表现重复了多遍。

再来看看，我是怎么为一次高效学习进行仪式感建立的。

物质准备：水、巧克力、计算器、文具。在正式学习之前，我会把这些东西在桌上一字排开，以防临时需要某些东西去到处翻。

精神准备：在前一天晚上，我就想好第二天又要进行高效学习了，所以我会安心睡去，如果你已经在前一天学得好的话，会在一种满足感和新期待中睡去。

时间：8点是我的正式学习时间，我会保证8点之前提前赶到那里，坐在椅子上调整出最舒服的学习姿态。

◆提前半个小时，我会做以下工作。

第一步：启动

（1）把准备好的物品摆在桌上。

（2）深呼吸一口气，然后做眼保健操。

（3）闭着眼按摩太阳穴一个八拍。

第二步：预热

翻看即将来到的两个小时之内需要学习的内容，心里有个头绪。我会多浏览几遍某些重要的概念以及例题，但是我不会把这个活动当作是我正式学习的过程。就好像考试之前翻书，多看几遍重难点考点只是为了考试更好地发挥，而不能把这个过程计入考试本身一样。我现在做的活动，只是为了等一下正式学习有更好的强化效果。

最后一步：静心

在8点之前的一分钟，我会盖上书本，静静等着一分钟的流逝。8点钟一到，就欢喜地翻开书本，有了那么多前期的酝酿，你都不知道我多么期待这么一次高效学习的来临。这就是仪式感给我们内心带来的巨大的满足。

再以大学学习为例，大学中学习的方法虽然千差万别，但只有一种我不喜欢，那就是逃避了学习过程，没错，我也要考高分，但我只想踏踏实实地通过正常的学习完成这个过程。我个人的方法就是对这个踏实过程的一次优化，让自己在持续反馈之中完成纯20小时高效学习一门学科的目的。

5.能量分为身体能量和情绪能量

我们学习总以一章节为单位，因为拉长战线会拉长反馈周期，对学习不利。如果进行完以上的步骤读完一章后，可以轻松休息片刻。就像在别的篇目中我曾提到的那样，我会在这种休息间隙做俯卧撑的。

我猜一定有人认为健身必要但同时浪费时间。工作间歇、课间休息期间，眼看四下无人，哗哗哗，30个俯卧撑一两分钟内已经完毕。如果现在看这篇文章的你是男孩子的话，这30个俯卧撑放心做好了。既不会浪费时间，又可以为身体储备能量，不仅劳逸结合，还能让你的三头肌一个月内变得很结实！

学习过程中，比如在图书馆，我见到很多人是没有能量补充的，当然也有人吃些小吃和零食，但这个和我所说的能量没有任何关系。多数人正式的能量补充时间是午饭，在我看来，对于一个有志于高效学习的学习者，这种常规性能量补充是严重不够的。那需要怎么做才能满足需要呢？

身体能量补充

精进练习的时间最多达到1~1.5个小时，这是很累的，也就是说，会消耗大量的能量。所以，你得需要及时补充能量。两个小时高效学习期间，分为两段，一段五十分钟左右，中间休息，这个时候可以补充能量。所以，巧克力派上了用场。人和人的千差万别，在于人和人吃的方式不一样。身体的直接能量是葡萄糖，它把葡萄糖当资金一样运用。当身体能量不足的时候，首先剥夺的是心智能量，这时补充一些糖类（功能性饮料、奶昔、蜜水、果汁都是很好的能量来源），就会精力高涨，恢复冒险精神和更加冷静的思考。巧克力是我的个人选择。

情绪能量补充

很多人不知道情绪也是一种能量吧？一对夫妻，在公司都拼命工作，回到家里经常吵架，是他们脾气不好吗？有对夫妻下班很早，经常甜蜜地携手去逛街，他们的脾气就好了？可是，我告诉你他们就是同一对夫妻呢。

为什么会这样？因为拼命工作不仅需要物质能量，繁杂的工作还消耗了我们大量的情绪能量，老板多给你布置任务，你不满你能表现吗？是不是没有表现出来？对呀，你压抑了心中的不满嘛。用什么？答案是物质能量，但是压制某一刻不满主要消耗的是情绪能量。情绪能量下降，导致自控力下降，回家失控可不就吵起来喽？是的，情绪能量需要补充。

平时还有这样的例子，比如我们决定跑步，开始信心满满要跑一个月，结果没有几天就懈怠了，不是累了，而是情绪疲劳了，产生厌倦感了。这种情况在我们现实生活中比比皆是，也许就出现在你身边，也许就发生在你自己身上。

解决情绪疲劳的方法

解决情绪疲劳，只有一个方法：那就是放松。

听音乐，听好听的音乐，在这里，我要提一个建议：在经济能力承受范围内，尽量买一个质量最好的耳机。同样，有可能就买一台超棒的音箱……这是我向丁元英学习的。

除了音乐放松放松，前面我也说了，还可以做运动。我看到某些办公室里面有健身器材，相当羡慕，不过作为学生，我只能在四下无人时依旧去做俯卧撑。

解决厌倦感的方法

在完成规定任务量之后，某一个热情高涨的时候索性中断学习。这里需要强调一下，是完成规定任务量之后，一般发生在学习后期，而不是你学得一高兴就中断。

村上春树跑步几十年，我最喜欢他的一点是他说他会在跑步感觉良好的时候主动结束，这样他就会对第二天的跑步充满期待。因为人对一件事情总是能够清晰地记得事件的开头和结尾部分，我们尤其记住的是对一件事情的感觉而不是事件本身。村上春树以充满愉悦感的时候作为结束点，跑步对他来说自然会是一种“愉悦感”

连续性体验。这是很智慧的。

也有许多作家用类似的方法，比如写到高潮部分主动停下来，因为高潮情绪强烈，在第二天容易找回感觉，从而继续写下去。

你也想试试看的话，我建议你在晚上最后一段高效学习段之后，再学习一段时间，感到愉悦、感到收获满满、感觉到仍然高效的时候——立刻中断你的学习。理论上，你一天的高效学习极限已经接近了，这只不过是高效学习的余温而已，所谓的高效更可能是感觉上的高效，再继续进行下去只会让热情从峰值递减。

这正是多数人的做法：趁着精力十足拼命学习，学得无休无止，直到精疲力竭才罢休，哇，今天好有成就感，我学了满满一天，好有收获！——看到没，这种人很快就会懈怠下来，你看到他第二天、第三天可能就去看电影玩耍了。他说，那是劳逸结合，他说有学就要有玩……从我独特的角度来看，此人每次如此耗尽一天“彻底”学习的后果是，在他的潜意识印象中，会不断累积对学习的厌恶感，因为他总是在学习达到疲劳低谷点的时候才结束，自然有一种“学习使人疲累”的累积印象，所以，他的那种学习方法不长久，因为一个人如果不是经过科学合理的调节，自然而然遇到“精力旺盛”+“想要学习”的一天，那是很少的。这很少遇到的精力状态，居然还被他一次性刷爆了！

再者，他所谓的“收获满满”如果有一天遭受打击，比如，现实证明他所学一无是处的时候，他心中就会倍加懊悔，懊悔当初那些拼命学习的付出是否值得，而这个懊悔的对象无疑是“学习”。他以为无用的学习使得他之所学无用武之地，在抱怨学错知识内容的同时不可避免的是他也会对“学习”本身产生一定程度的怀疑。你看，一个人对学习的厌恶，对学习的恐惧，就是如此积累而来的。现在，你说，一个人对学习的厌恶是自然而来的吗？人是不爱学习的吗？人是可以热爱学习的，但是需要方法，需要遵从人的心理特点。当我说到这里的时候，请你听从我的建议：无论是什么学习，如果有件事情对你来说重要，也有必要，但是你却讨厌它，那么请你在讨厌的时候立马去学习它，学到你喜欢它的时候立刻中断它，因为人都是追求快乐的，你学到情绪快乐的时候就中断，你的情绪就会带领你再来领略一次那种似曾相识的快乐，即便你的情绪不会主动带你来，也不要紧，因为你至少不会在心理上抗拒了。

6.正式高效率学习

步骤如下。

第一步：第一遍阅读。

（1）看目录知道这一章重点在哪一节，大概用来解决什么问题。

（2）看章后习题，圈出术语基本上就是本章的知识点了。

（3）根据术语去书中画概念和解释，如果不能理解，请使用网络百度术语名词解释。

（4）理解术语后带着术语去理解书中的图表和例题以及案例。

看到这里，有朋友要问为什么不首先直接去阅读文字呢？

对此，我还当真有些个人的强烈认知：理工科的书在我看来是不能谈“理解”这个词的，尤其是工科的书，我认为就是一份份的说明书，讲机械那就是机械的说明书，讲制图那就是制图的说明书，这些说明书和商品说明书没有本质区别，只是它们通过系统化的语言衔接成书成册——是一本说明书的集合。洗衣机说明书有什么作用？那就是告诉购买者如何操作、如何保养、注意事项。平时我们会嘲笑某些人看不懂说明书，其实不是对方理解力有问题，而是我们市面上很多说明书写得不够明确、随意，导致阅读者操作困难。

同样，我也认为很多教科书并不是一本优秀的说明书合集，因为它们是由个人写就，说明的操作细节根据他个人的智识水平书写，他并不曾统计所写的每一句话是不是让读者看起来更加容易形象地理解。我是说，不好的说明书才需要额外的理解，好的说明书只需要我们按照步骤流程一步一步操作就可以达到目的，只有书写不明的说明书才考验读者额外的理解能力。

从某个意义上来说，你学习某一本书，如果看不进去，可能不是你理解有问题，你应该换一本书。我们什么时候讲理解能力？中文阅读理解、英文阅读理解，还有类似文学作品中说“我爱你，你懂我心吗？”——感性表达的时候需要你的理解，文人思维表达的时候需要你的理解，读哈姆雷特的时候需要你的理解，需要一千个读者有一千个哈姆雷特的理解。讲机械机构的时候如果你说不理解，那多半是书本表达的问题，不是你理解力有问题。可以长高宽表达的东西，你说你理解它干吗？难道某个机械结构脉脉含情地给你传达某种信号，需要你理解它的弦外之音？

如果看书看到概念性的部分就看不进，那就牢牢抓住书本的例题、案例、图表。因为例题讲具体情境，图表可视，案例就是讲具体的事情，这些都比理解文字描述容易得多。而且，例题运用知识点、案例和图表是为了辅助说明文字内容的，所以，我们配合最少量的文字看懂了案例、图表，就达到了对知识的了解，接着再去看例题就知道了知识运用的场景，之后再反复地做题目，就能达到对知识点的掌握。

从刚刚的描述中，你是否明确了以下几点？

（1）“配合最少量的文字看懂了案例、图表，就达到了对知识的了解。”

（2）“接着我们再去看例题就知道了知识运用的场景。”当然，这里的知道是对于“知识运用场景”的知道，如果是“知道某种知识”，那我的定义是：当我提起某专有名词、某物某理论的时候你能想得起来有这么一回事。比如我说到隔壁班小王考砸了的时候，你说：“咦，他不是一向考试发挥很稳定吗？”这一句话就表明你之前是真的有留意过他，也许对于这种事情，对于他这个人的了解，你知道得还要多，可能已经达到了掌握甚至运用的程度。在这个场景中，你表现的是一个好学生的角色——是掌握的东西总比要求的多。

（3）“我们在反复地做题目，从而达到了对知识点的掌握。”

（4）如果我们用所学知识去解释问题，或者直接体现在操作中，那就是运用了。

以上就是我们需要尽量弱化教材文字阅读的原因。

第二步：回顾。

通过第一遍对文章的浏览，心里对整个材料的架构基本已经明了，到这一步简直轻松，一页一页翻过去，对主要知识点、概念，脑子里有一个回顾，知道这一部分有讲什么内容。

第三步：做题。

A计划：找例题，做例题。不看答案，能做多少就做多少，做完对答案，紧接着完整抄一遍标准答案→去章后看看有没有会做的题目，有会做的就做下去→没有就跳回来看第二个例题，方法一样

→如此循环往复。

以上流程，如果五个例题抄完仍然没有头绪，说明你还没有理解教材，或者你的基础不扎实，这个就更好解决了：进行B计划。

B计划：遇到这种阶段性的困难，只能加强对教材的针对性理解。在例题解答步骤中圈出那些重复出现的关键词，以及章后题目含有的术语，再进一步去阅读相关知识点的概念、案例、图表，接着回来做题。如果不行，更加简单了：进行C计划。

C计划：能让你进行到B步骤的书，我有理由相信那应该是类似《固体物理》一类的教材了，其他学科如电工等，基本上不会让你做了五个例题、抄了五个例题，却连一点头绪都没有。所以，你的操作如下：放下书本，去热爱生活吧。

如果成绩达不到你心中的目标，请自觉决定安排时间重新学习、巩固、提高。

以上步骤的可实施性如何呢？我来分享一下我按这个方法进行时的一般作息。

我一般6点30分醒来，写晨间日记。上面会写：

a.心态准备：我现在心情有点糟糕，还想睡觉，但是8点需要良好的心态来进行正式高效学习，所以，我必须振奋起来，加油！

b.行动准备：为了确保8点正式高效的学习，我应该吃好早餐，天不冷的话，应该小跑一会儿，太冷的话，那就伸伸懒腰好了，总之，要让心情愉悦起来。

c.物质准备：应该去买水、巧克力……写着写着，就清醒了过来。

此类日记记录每天重复差不多的唠叨，长时间进行，我发现，这对于我来说，最大的作用应该是暗示的作用——或者说，我有意使它培养出一种条件反射。我喜欢这样，因为我喜欢——简单的勾勒，不是很长，我把笔记本放在床头，一起来，就写第一个字，“2015年……”之后就自然起来了。朋友，记住一条简单的惯性定律：静止的倾向于静止，运动的倾向于运动。不知道一件事情怎么开始才合适？先去做10分钟。不知道怎么和女孩搭讪？立马过去说一声：“你好！”后面的你自然会接着说。动起来，运动的倾向于运动。我真喜欢这句话。

睡过头的情况怎么办呢?

我曾亲眼见证身边的人因为一次计划的中断就放弃了整个项目，我觉得他实在是愚蠢啊。可我也经常会遇到睡过头的情况，比如我昨天打算早起学习的，可是刚刚接到济南大雾黄色预警，济南雾太浓，我以为是天没亮，结果晚起了两个小时。难道这就不学了？对的，很多人正是这样做的。如果他睡到中午才起来，他就很懊恼，一天就这样没了，算了，今天下午还是好好玩吧，明天一定要早起！——这真是愚蠢啊，你没想到吧？第二天还是一样的！长时间这样，效果很不好，你知道吗？当要截至最后任务期限的时候，你就焦躁不安了，你开始感叹时间太快，自己不知不觉又荒废了这么多时间！一连串的情绪爆炸……唉。

其实，晚起了是可以补救的，接着计划一天可利用的时间就行了嘛……有什么大不了？

同样，长期的计划要是因为不得已有一两天的中断也没有关系，接着进行就行了嘛！有什么大不了？非要让一时的缺失造成长期的隐患？！

每个人的高效学习时间段可能不一样，这需要我们认清自己的实际状况，不同的身体状况、不同的情绪状况都会对我们当下的学习产生影响。但我要强调的是，一定要学会“预计”。观察自己长期的活动状态，我认为，预计自己能量爆发态出现在上午8~10点，下午2~5点，晚上6：30~10点，一共八个半小时，所以，我会为了这八个小时做很多额外准备。比如，中午午睡就是必要工作；下午5点40左右，我可能会眯一会儿，这也是必要的工作；休息间隙用耳机听喜欢的音乐，是必要的工作；个人爱好，俯卧撑也是必要工作；巧克力也是……总之，都是为了保证这八个半小时的高效利用而准备（实际上达不到八个半小时，8~10点休息10分钟，下午2~5点休息10×2［分钟］，晚上6：30到10点，10×2［分钟］，因此学习纯时间是7小时40分钟）。

里面提到下午5:40左右的小睡，虽然往往那个时候并不困，但却是为了防止晚上工作三个半小时产生疲劳而提前进行的小睡眠。在疲劳来临之前休息放松是最好的缓解疲劳的方法，你没有听说过吗？你一定听说过的，我只是再一次提醒你而已。

不要还没实施就觉得这样太辛苦从而泄气，你要知道，伴随着学习时的这种强烈的仪式感，每一天都像朝圣之行。

为了学习，我今天特意去买了一盒巧克力，预计前途一片光明。